Winter ERLEBNIS im Allgäu

Freizeitführer für Wintersport und Schneespaß

von Björn Ahrndt

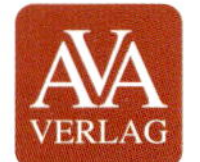

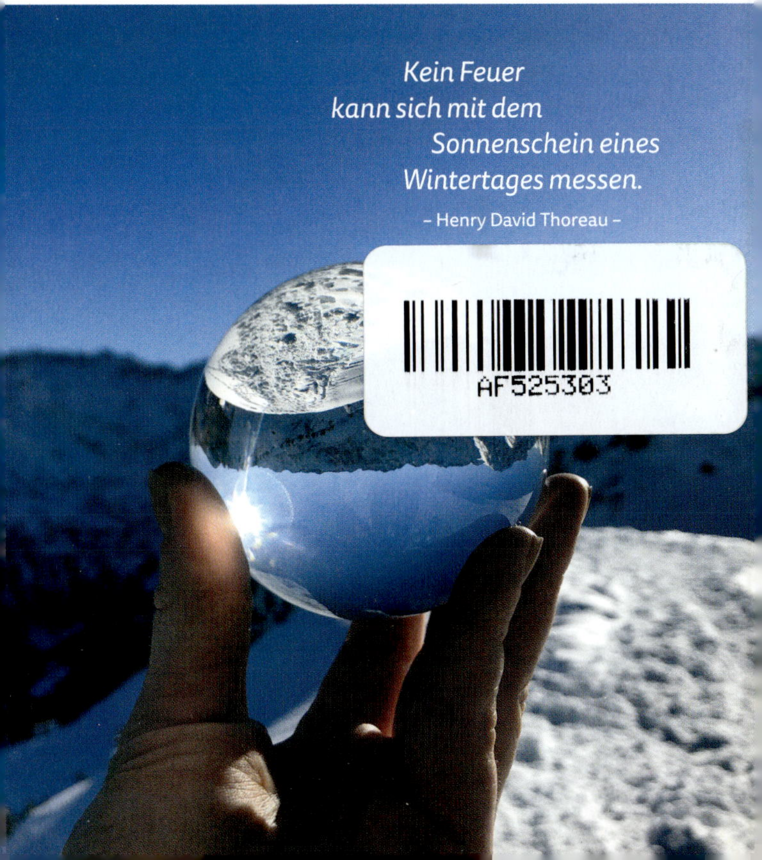

Kein Feuer kann sich mit dem Sonnenschein eines Wintertages messen.

– Henry David Thoreau –

Liebe Leserinnen, liebe Leser,

willkommen im Winterwunderland Allgäu. Skifahrern ist die Region im Süden Bayerns wohlbekannt. Wenngleich ich in diesem Erlebnis-Führer auch das ein oder andere Skigebiet streife, so möchte ich die Vielseitigkeit dieser herrlichen Naturlandschaft zeigen.

Mit oder ohne **Bergbahn.** Mit **Wanderschuhen** oder mit den **Schneeschuhen.** Auf dem **Rodel** oder auf den **Langlauf-** bzw. Tourenskiern. So vielfältig wie die Landschaft sind auch die Freizeitmöglichkeiten. Die ein oder andere Einkehr in einer **gemütlichen Hütte** darf dabei nicht fehlen.

In diesem Buch nehme ich Sie mit auf eine Reise durch mein Allgäu. Beginnend vor den Toren von Kempten, geht es über Oberstaufen südlich nach Sonthofen und Oberstdorf. Nach einem Abstecher ins Kleinwalsertal reisen wir wieder nordwärts in Richtung Bad Hindelang, bevor wir an Füssens Königsschlössern vorbei das Tannheimer Tal erreichen.

Alle Touren sind mit Symbolen gekennzeichnet. Diese weisen zum Beispiel Skitouren oder Rodelbahnen aus. Natürlich gibt es zum Teil auch Ziele, die, je nach Schneelage, für

Über den Autor

Der gebürtige Sonthofer Björn Ahrndt ist seit Kindesbeinen an in den Alpen unterwegs. Bergtouren, Mountainbiketouren und Klettersteige gehören ebenso zu seiner Leidenschaft wie das Schneeschuhwandern oder das Skitourengehen. Auf seinem Alpin-Blog *www.bergparadiese.de* schreibt er seit vielen Jahren über seine Touren, die sich über den gesamten Alpenraum und darüber hinaus erstrecken. Auch wenn er sich immer wieder neue Ziele sucht, so zieht ihn die Schönheit der Allgäuer Landschaft immer wieder in Berge seiner Heimat zurück.

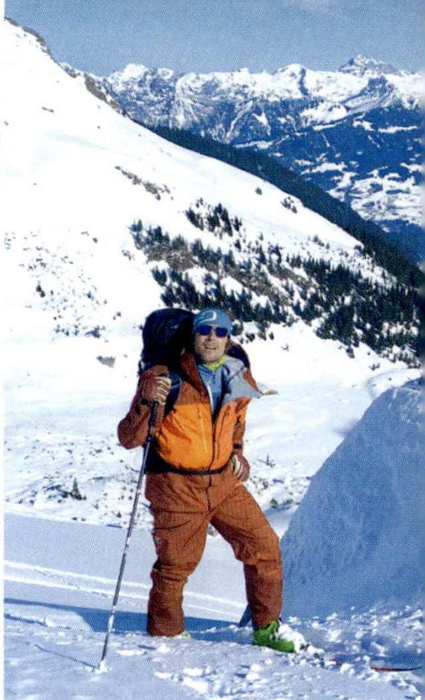

Schneeschuhgeher und Wanderer gleichermaßen geeignet sein können. **Familiengeeignete Erlebnisse** sind ebenfalls mit einer eigenen Markierung versehen.

Zu den einzelnen Touren und Ausflugszielen finden Sie zusätzliche Tipps zu Einkehrmöglichkeiten, der passenden Ausrüstung oder weiterführende Informationen, die Sie in Ihrer Planung unterstützen können. Zudem können Sie sich über einen QR-Code die GPS-Daten jeder Tour auf Ihr Smartphone herunterladen.

Ich wünsche Ihnen viel Spaß im Winterwunderland Allgäu.

Björn Ahrndt

Sicherheitshinweis

Gipfelziele, die nicht in unmittelbarer Nähe eines Skigebiets und somit außerhalb präparierter Pisten und Wanderwege liegen, sollten selbstverständlich nur unter Berücksichtigung der vorherrschenden Schnee- und Wetterbedingungen und mit entsprechender Ausrüstung geplant und vorgenommen werden. Dies gilt insbesondere für die Touren 7, 8, 21, 26 und 31.

Wenn Sie so einen QR-Code im Büchlein sehen, dann können Sie diesen über Ihr Smartphone einscannen, um damit die hinterlegte Route kostenlos von unserem Server downzuloaden und diese dann als Routenführung benutzen (eine entsprechende App vorausgesetzt)! Viel Spaß!

Inhaltsverzeichnis

Zeichenerklärung:

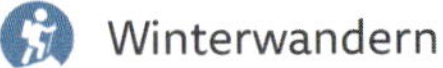

- Winterwandern
- Schneeschuh
- Wasser & Eis
- Rodeln
- Skitour
- Langlauf
- familiengeeignet
- Kutschfahrt

Brauchtum:

Freizeiterlebnis:

1

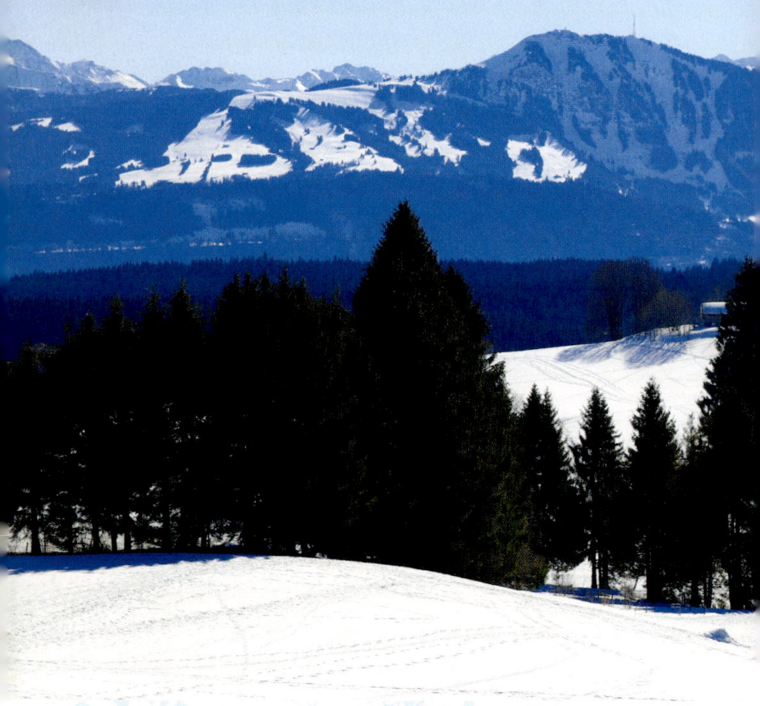

Eschacher Weiher

Rundwanderweg vor dem grandiosen Panorama des Allgäuer Hauptalpenkamms.

Die Sonnenterrasse des Allgäus

1 Std. 15 Min.  4,25 km

120 m  110 m

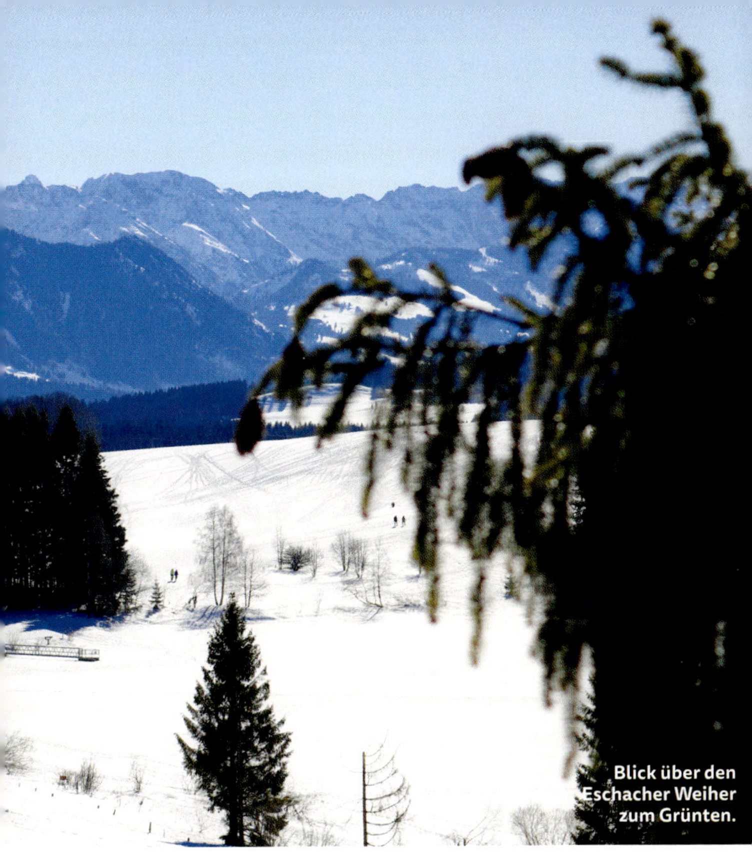
Blick über den Eschacher Weiher zum Grünten.

Diese kleine Wanderung um den Eschacher Weiher ist zu jeder Jahreszeit ein Genuss! Die Anfahrt nach Eschach erfolgt von Waltenhofen über Buchenberg in Richtung Kreuzthal. Kurz hinter Eschach bildet der Wanderparkplatz den Start- und Zielort.

Auf der gegenüberliegenden Straßenseite geht es hinunter zum schneebedeckten Eschacher Weiher. Am östlichen Seeende steigt der Weg hinter einem kleinen Steg ❶ leicht an. Spätestens hier wird die Anfahrt mit einem wunderbaren Blick auf den Allgäuer Hauptalpenkamm belohnt. Kaum zu

Tipp Das kleine Skigebiet bei Eschach ist aufgrund der sanften Hangneigung gerade für Anfänger sehr zu empfehlen.

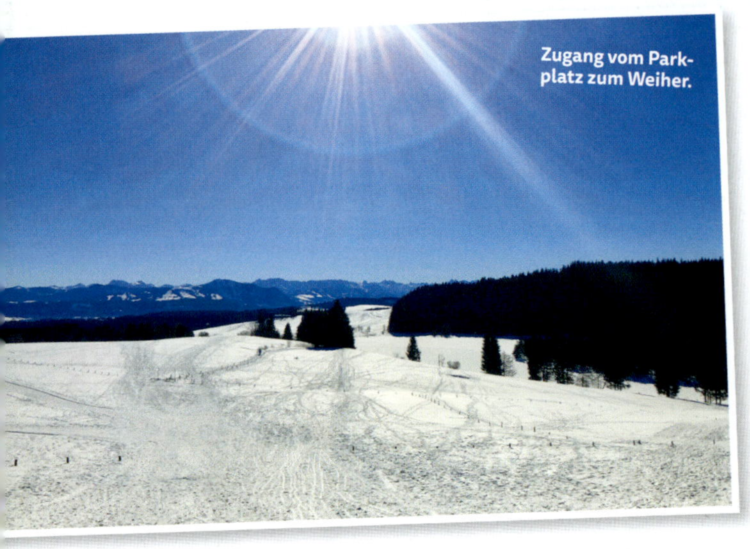
Zugang vom Parkplatz zum Weiher.

glauben, dass diese Tour im „Unterland" auf über 1.000 m liegt. Somit liegt das Gebiet um Eschach deutlich höher als die südlicher gelegenen Gemeinden des Oberallgäus.

In einem rechten Bogen geht es oberhalb des Sees auf einen breiten Waldweg. Parallel zum Höhenzug in Richtung „Hohenkapf" ❷ wird am Waldrand immer wieder der Blick Richtung Süden frei. In leichtem Auf und Ab führt der Weg nun durch den herrlichen Winterwald und in einem weiten Bogen nordwärts zur Verbindungsstraße zwischen Kreuzthal und Eschach und schließlich zurück zum Parkplatz.

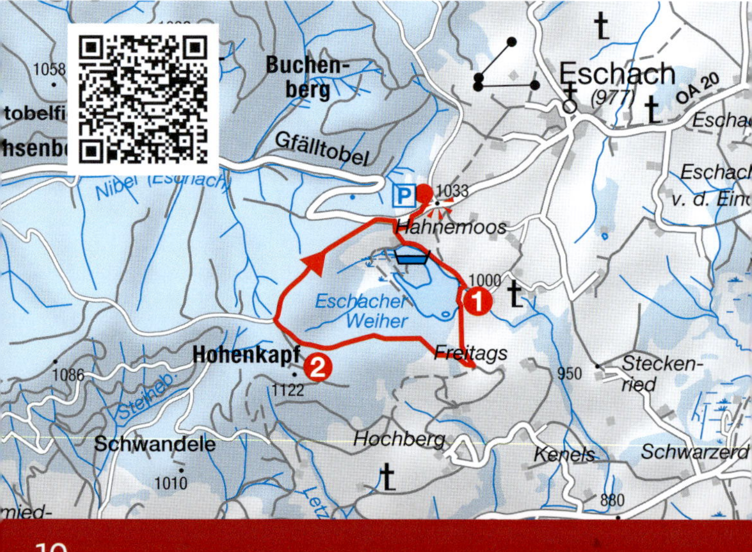

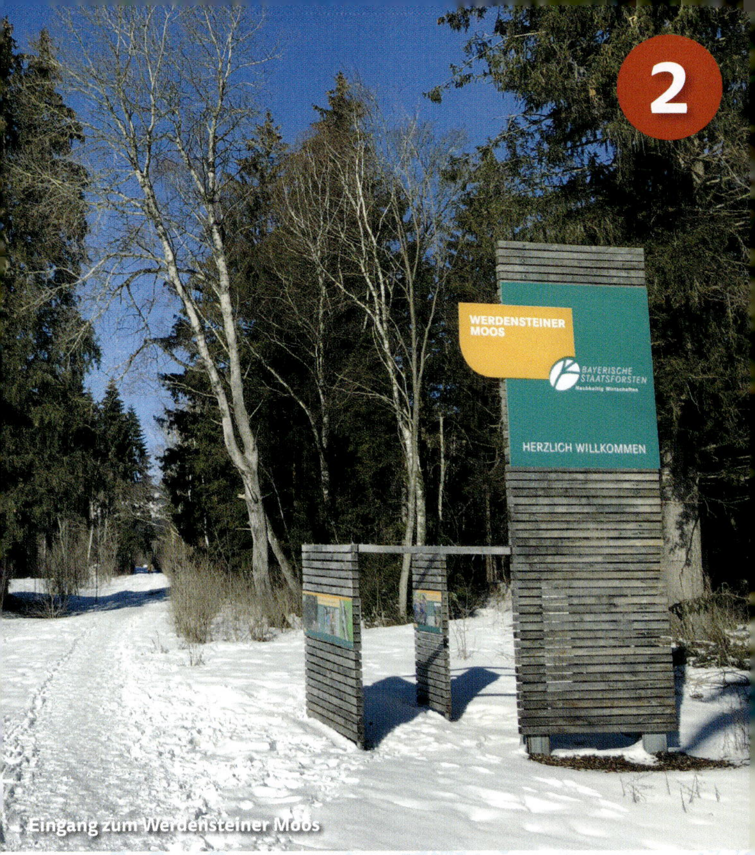

2

Eingang zum Werdensteiner Moos

Werdensteiner Moos

Auch in der kalten Jahreszeit drückt das warme Moor an manchen Stellen nach oben.

Einmaliges Biotop bei Immenstadt

ca. 1 Std.  3,79 km

 10 m  10 m

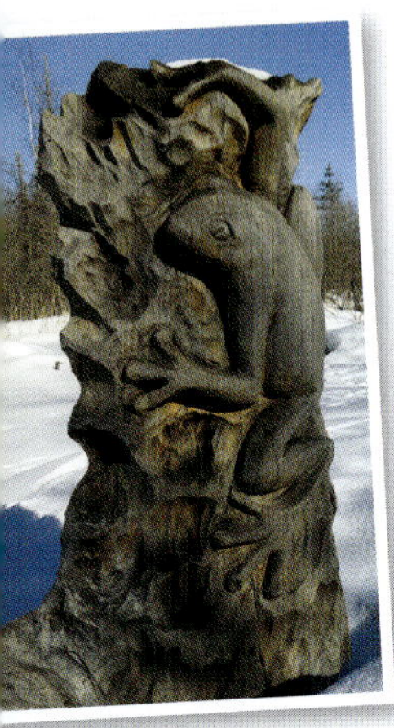

Skulptur am Wegrand

Der Rundwanderweg beginnt an der alten B19 zwischen Immenstadt und Martinszell. Bei Thanners, auf Höhe der Wirtschaft „Haxenwirt", befindet sich ein gebührenpflichtiger Wanderparkplatz. Unübersehbar winkt der Eingang zum Werdensteiner Moos.

Bereits zu Beginn, wie auch im gesamten Verlauf der gut einstündigen Runde, stehen Hinweistafeln. Sie erzählen von der Entstehungsgeschichte und den Bewohnern des Moorgebiets. Für Kinder gibt es auch einige Mitmach-Stationen, wenn sie nicht unter der Schneeschicht versteckt sind.

Der schmale, oftmals nur getretene Pfad führt über die Schneedecke hinweg entlang der einzelnen Besucherstationen. Ein Aussichtsturm ❶ in Sichtweite der Bundesstraße zählt zu den Highlights für kleine Besucher. Unter dem Winterkleid kann man das Moor erahnen.

In einem weiten Bogen geht es um das Zentrum herum. Mal über freies Gelände, dann wieder durch den Wald. Eine schöne entspannte Runde inmitten der herrlichen Allgäuer Winterlandschaft.

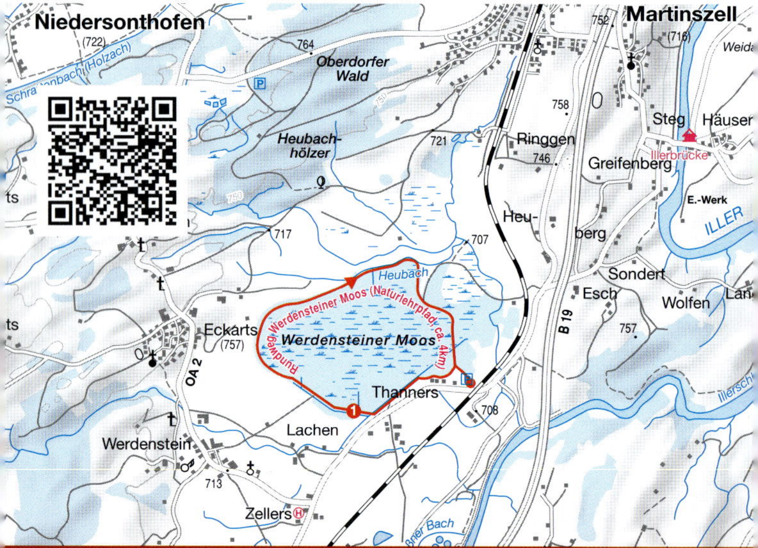

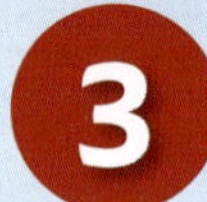

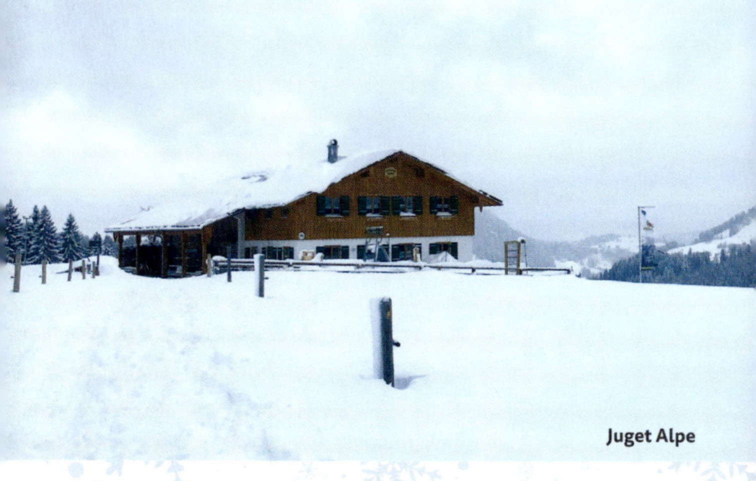
Juget Alpe

Juget-Alpe & Siedelalpe

Bei Neuschnee ist die Wanderung durch den Wald oberhalb des Großen Alpsees besonders schön.

Gemütliches Einkehr-Duett

ca. 1 Std.  3,88 km

 80 m  80 m

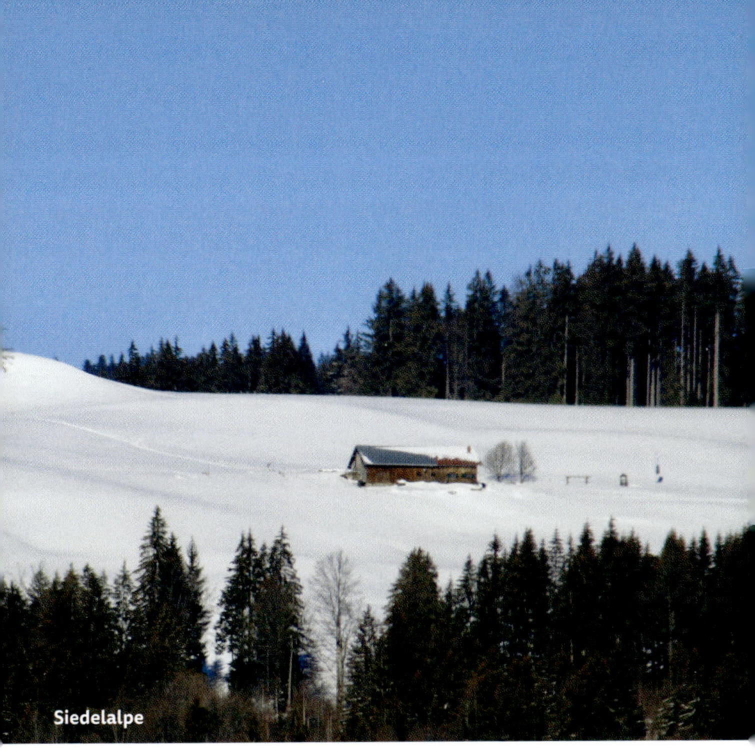
Siedelalpe

Der Weg zur Juget-Alpe beginnt am Wanderparkplatz Schlettermoos ❶. Der gebührenpflichtige Parkplatz liegt an der Staatsstraße 2006, die Immenstadt mit Missen verbindet.

Ohne großen Höhenunterschied führt zunächst ein Pfad über Lichtungen durch den Winterwald. Nach einigen Minuten ist ein breiterer Forstweg erreicht ❷. Ein Wegweiser gibt die Richtung zur Juget-Alpe an. Quert man den den Forstweg, so gelangt man auf einen schmalen und weniger begangenen Waldpfad. Bei großen Neuschneemengen sind hier Schneeschuhe und Gamaschen ratsam.

Tipp Die Winter-Öffnungszeiten der Juget-Alpe wie auch der Siedelalpe sind im Internet nachzulesen: *www.juget-alpe.de* bzw. *www.siedelalpe.de.*

In Sichtweite der Siedelalpe treffen beide Wege wieder aufeinander ❸. Auf dem nun breiter werdenden Weg taucht ein paar Minuten später auf einer weiten freien Fläche die Juget-Alpe auf. Leberknödelsuppe, Blut- und Leberwurst, Schübling oder ein leckerer Kuchen warten.

Auf dem Rückweg bietet sich der Abstecher durch den Schnee zum „Köpfle“ ❹ an. Die kleine Anhöhe mit Kreuz liegt zwischen Siedelalpe und Juget-Alpe. Das „Gipfelziel“ liegt rechts oberhalb des Weges. Hier hat man einen wunderbaren Blick über den Großen Alpsee nach Immenstadt. Im Anschluss geht es weiter zur Siedelalpe ❺, die im Winter ebenfalls bewirtschaftet ist.

Der weitere Rückweg erfolgt zunächst zu der bereits erwähnten Kreuzung ❸ und anschließend auf dem Forstweg zurück zum Parkplatz.

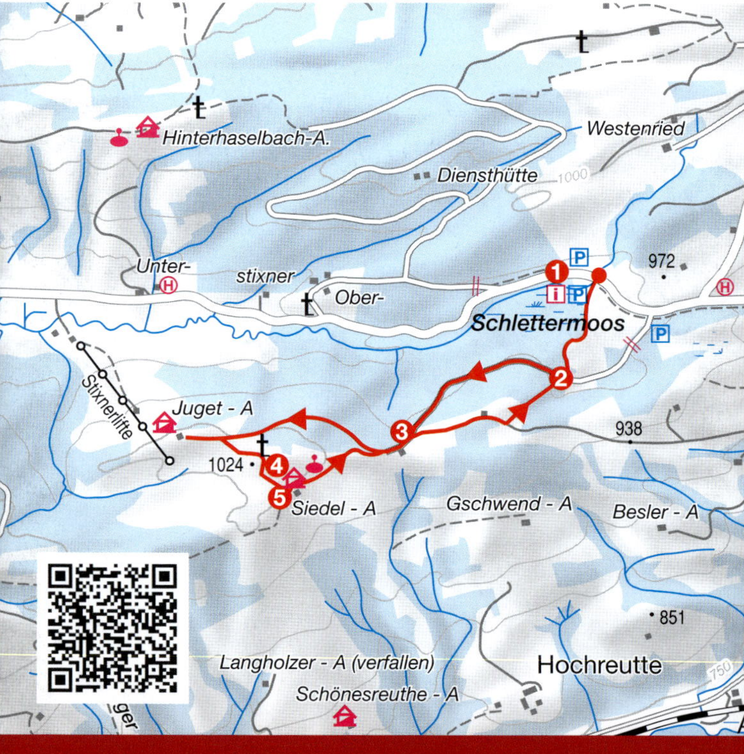

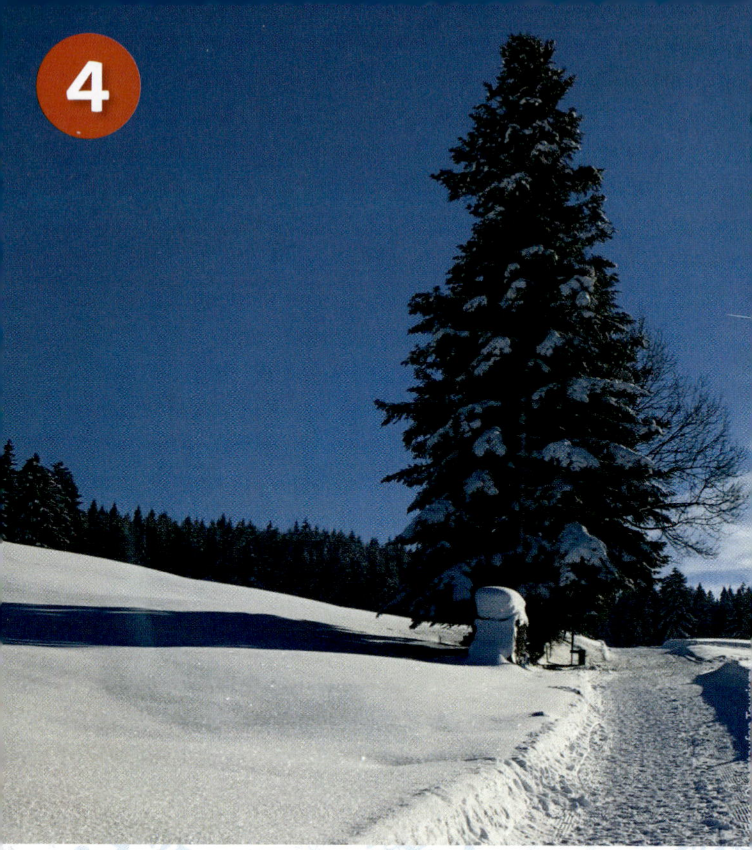

4

Kapfwaldrunde

Ein herrlicher Ausblick auf die Nagelfluhkette erwartet den Wanderer auf dieser Rundtour.

PREMIUMWANDERWEG BEI OBERSTAUFEN

ca. 2 Std. 7,13 km

240 m 170 m

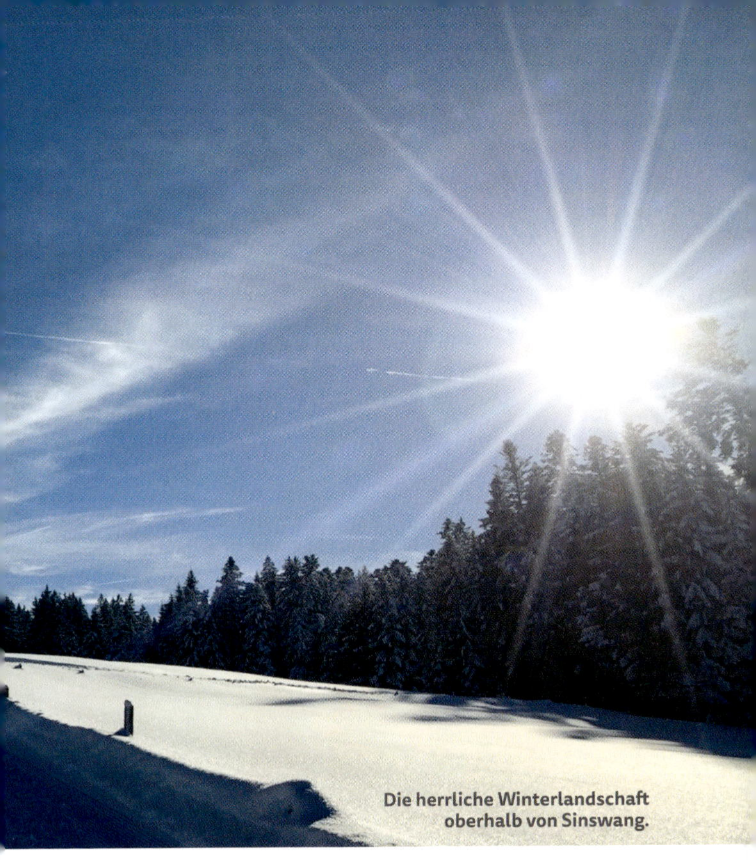
Die herrliche Winterlandschaft oberhalb von Sinswang.

Dieser Rundwanderweg beginnt in Sinswang, nördlich von Oberstaufen. Gegenüber dem Abzweig zu den Sinswanger Stuben geht es über eine freie Fläche nordwärts, dann in einer Schleife wieder zurück in Richtung Sinswang ❶. Hinter dem Ort steigt der gewalzte Winterwanderweg zunächst mäßig in Richtung Saneberg an. Nach der Ortschaft wird es steiler und es geht südwärts zum höchsten Punkt der Tour ❷.

Tipp Parkplätze stehen an der Tennishalle von Oberstaufen zur Verfügung. Von dort gelangt man in wenigen Schritten zum Startpunkt nach Sinswang. Am Ende der Tour laden die Sinswanger Stuben zur gemütlichen Einkehr ein.

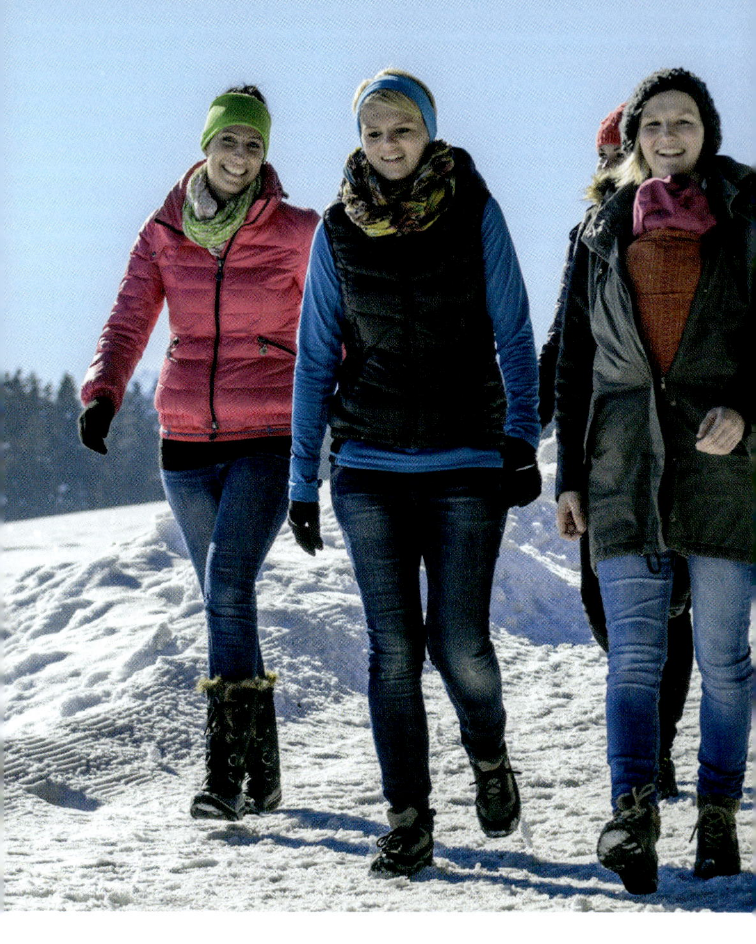

Der Wegverlauf führt nun idyllisch durch den Wald. Am südlichsten Punkt geht es aus dem Wald heraus. Nun öffnet sich der einmalige Panoramablick ❸ hinüber zum Hochgrat und der langgezogenen Nagelfluhkette. In östlicher Richtung liegt Oberstaufen.

Nun wendet sich der ausgeschilderte Premiumwanderweg in nördlicher Richtung. Noch einmal geht es bergab durch den Wald, bevor es im letzten Drittel der Tour über eine große Freifläche zurück zum Ausgangspunkt geht.

Da es sich bei der Kapfwaldrunde um eine präparierte, also gewalzte, Strecke handelt, kann diese nur bei entsprechender Schneelage begangen werden.

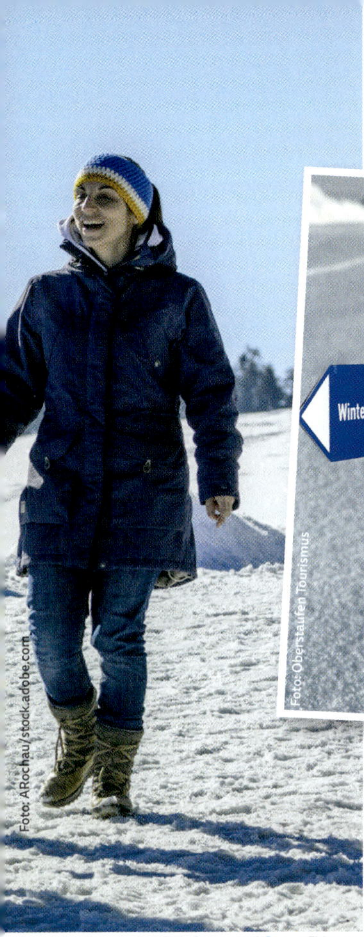

Foto: ARochau/stock.adobe.com

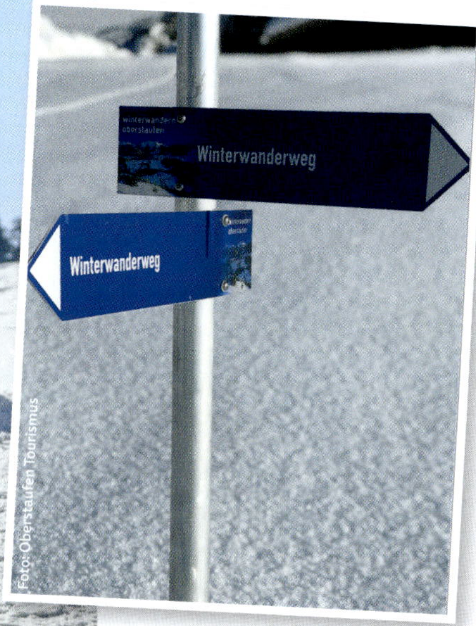

Foto: Oberstaufen Tourismus

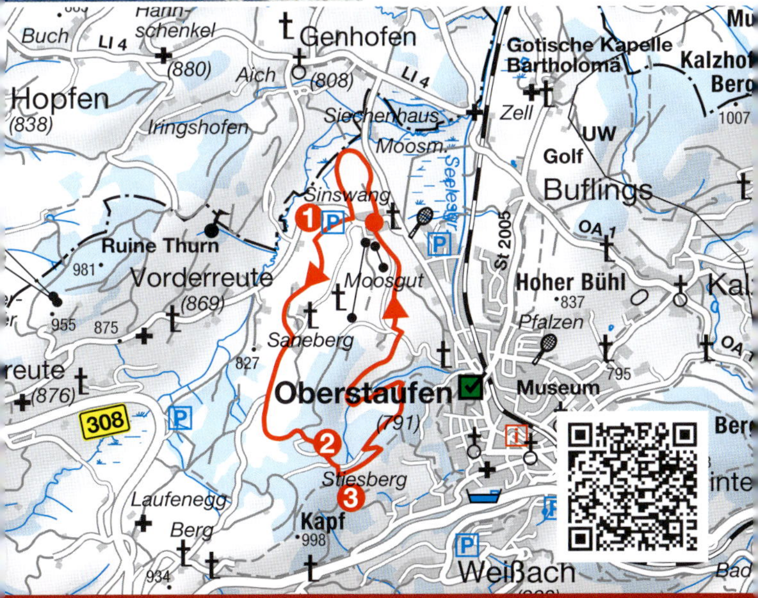

5

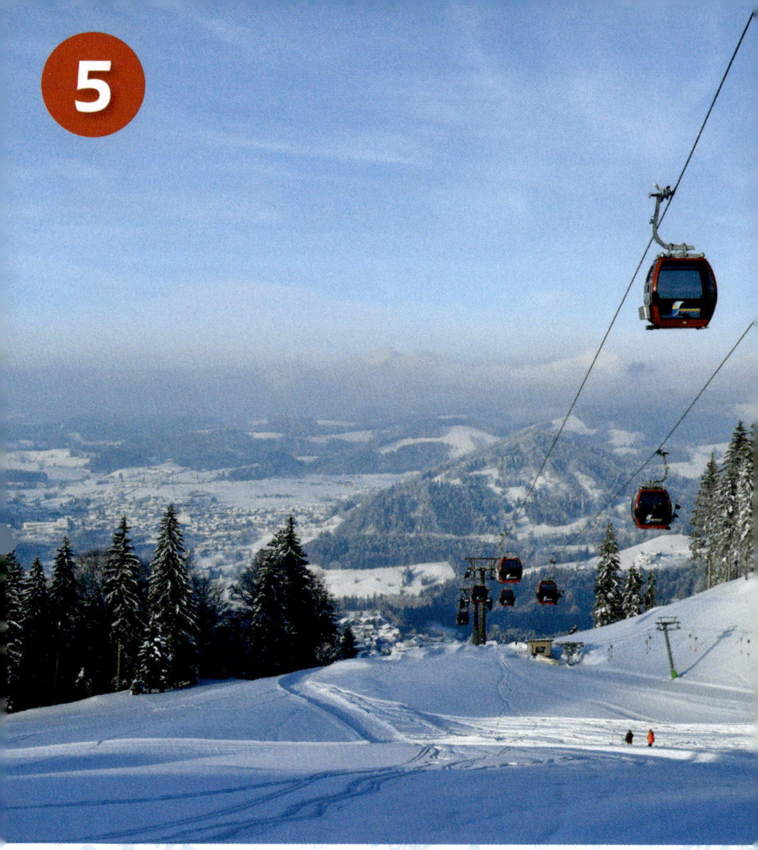

Imbergbahn

Die Skiarena Steibis bietet Winter-erlebnisse für jeden Geschmack.

Kutschfahrt und Rodelspass

Tagsüber bieten die Imbergbahn bei Steibis und die Liftanlagen im oberen Teil des Skigebiets Skivergnügen für Jung und Alt. Doch auch sonst lohnt der Ausflug in den kleinen Ort südlich von Oberstaufen. So kann man zum Beispiel als

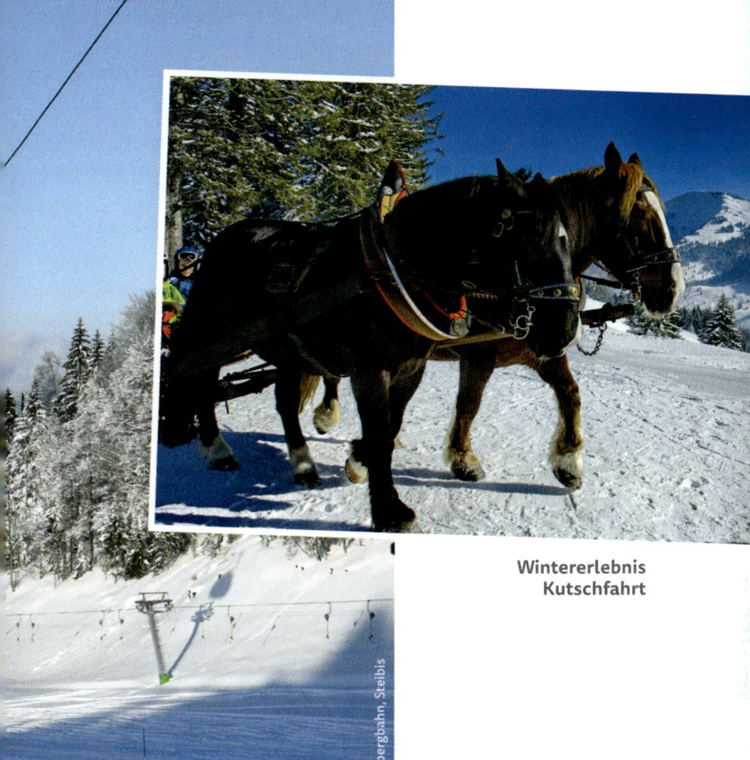

Wintererlebnis Kutschfahrt

Fotos: Imbergbahn, Steibis

Co-Pilot auf einem Pistenbully mitfahren oder originell mit dem „Pistentaxi" zu einem gemütlichen Hüttenabend gelangen. Rund um den Skibetrieb kommen auch Nicht-Skifahrer auf ihre Kosten. Ab der Bergstation der Imbergbahn finden

Tipp An der Talstation der Imbergbahn stehen Leihrodel zur Verfügung, die mit ihren breiteren Kufen für die Abfahrt auf der teils flachen Piste besser geeignet sind als herkömmliche Schlitten. Um in der Nacht besser gesehen zu werden, lohnt sich die Mitnahme einer Stirnlampe.
Mehr Informationen zu den Tarifen, Öffnungszeiten und zur Anmeldung für die Fahrt auf dem Pistenbully gibt es auf *www.imbergbahn.de.*

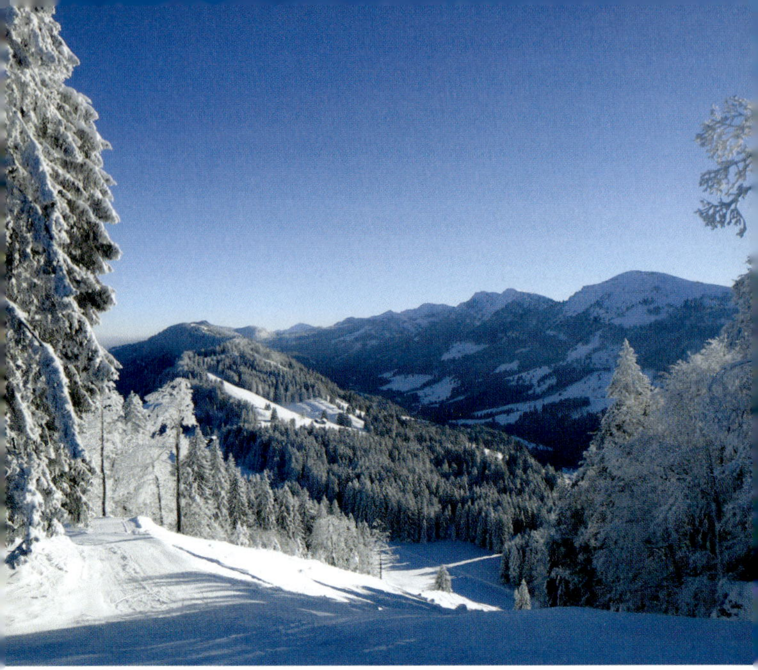

täglich Pferde-Schlittenfahrten inmitten der herrlichen Winterlandschaft statt. Auf den markierten Winterwanderwegen kann man diese auch zu Fuß erkunden. Rasant geht es dann auf der Winterrodelbahn ins Tal.

Ein besonderes Highlight ist das Nachtrodeln. Jeden Samstag Abend ist die Bergbahn zwischen 18 und 21 Uhr in Betrieb. Nach einer gemütlichen Einkehr im Imberghaus, direkt an der Bergstation, geht es auf der beleuchteten Piste nach unten.

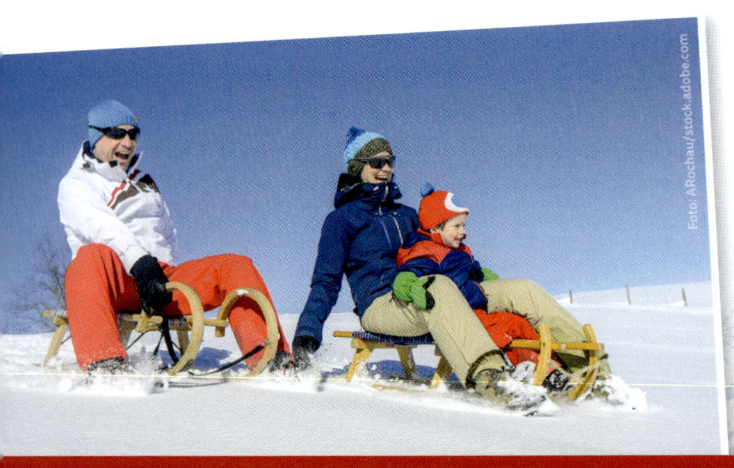

Foto: ARochau/stock.adobe.com

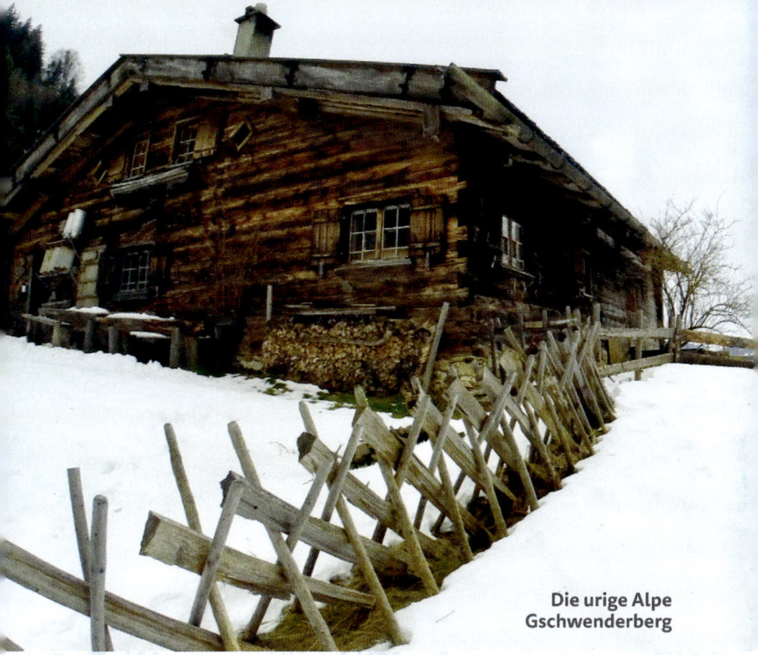

Die urige Alpe Gschwenderberg

Alpe Gschwenderberg

Mit frischen Kässpatzen lockt die Alpe an den Wochenenden zahlreiche Wanderer und Tourengeher.

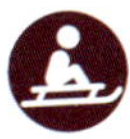 

Urig. Gemütlich. Lecker.

ca. 1 Std. 30 Min.  4,27 km

 250 m  260 m

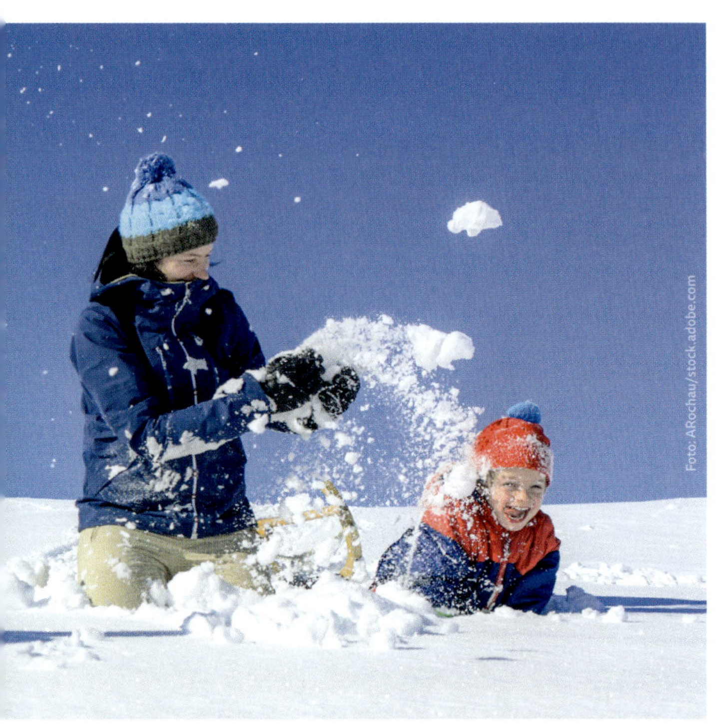

Foto: ARochau/stock.adobe.com

Wie die Skitour auf das Gschwender Horn (Erlebnis Nr. 7), beginnt auch diese Tour am gebührenpflichtigen Wanderparkplatz in Gschwend, oberhalb von Bühl am Alpsee. Direkt gegenüber des Parkplatzes führt ein Pfad steil nach oben. Als Alternative kann man über die Straße ein paar hundert Meter zurück in Richtung Bühl gehen. Dort zweigt rechts der Fahrweg zur Alpe ab ❶.

Auch die steile Variante ab dem Parkplatz trifft nach etwa 15 Minuten auf den besagten Fahrweg ❷. Dieser dient für den späteren Rückweg als Rodelstrecke. Zunächst geht es noch einige Meter im Wald nach oben, bevor rechter Hand

Tipp Die Alpe Gschwenderberg ist im Winter nur am Wochenende bewirtschaftet. Mehr Informationen gibt es im Internet unter *www.alpegschwenderberg.de.*

wieder ein schmaler Weg abzweigt ❸. Bei großen Neuschneemengen ist der folgende Abschnitt schwer zu gehen, weshalb sich dann der Verbleib auf dem Fahrweg anbietet.

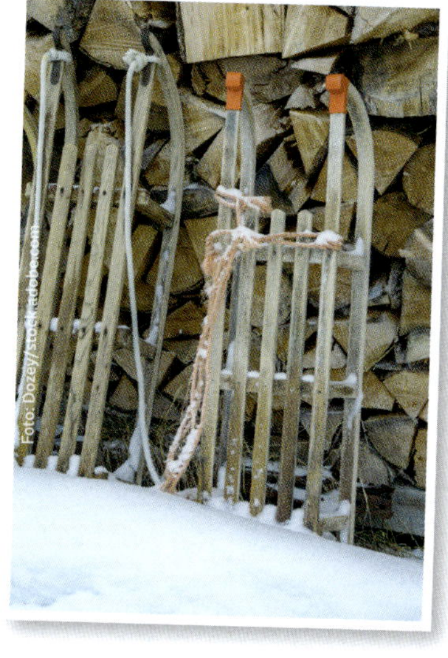
Foto: Dozey/stock.adobe.com

Der Pfad durch den Wald führt zunächst leicht bergab über eine Brücke, bevor er zu steigen beginnt. Nach ein paar Höhenmetern ist eine Lichtung erreicht. Hier geht es am Waldrand entlang nach oben. Noch ein kurzes Stück durch den Wald, dann kommt die Alpe Gschwenderberg in Sicht.

Auf der gemütlichen, urig eingerichteten Hütte gibt es Kässpatzen, Wurstsalat oder frischen Kaiserschmarrn. Im Anschluss geht es mit dem Rodel auf dem Fahrweg zurück in Richtung Bühl ❶.

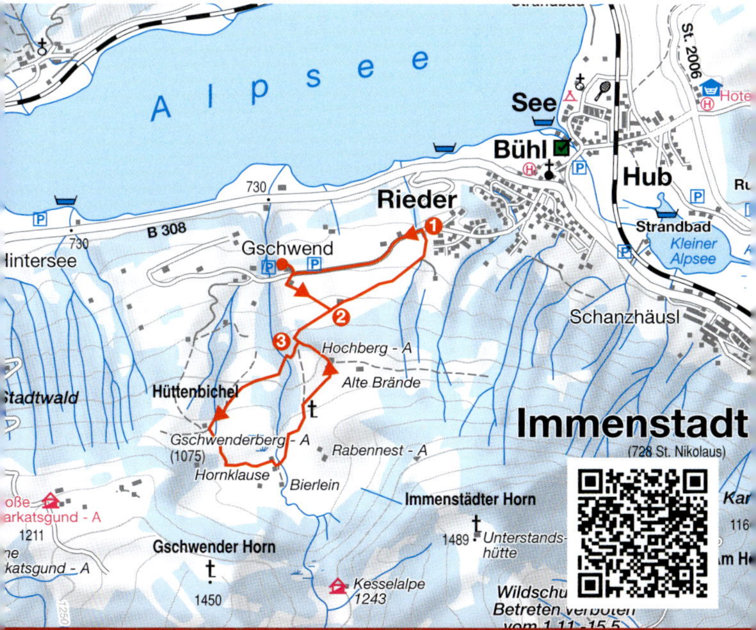

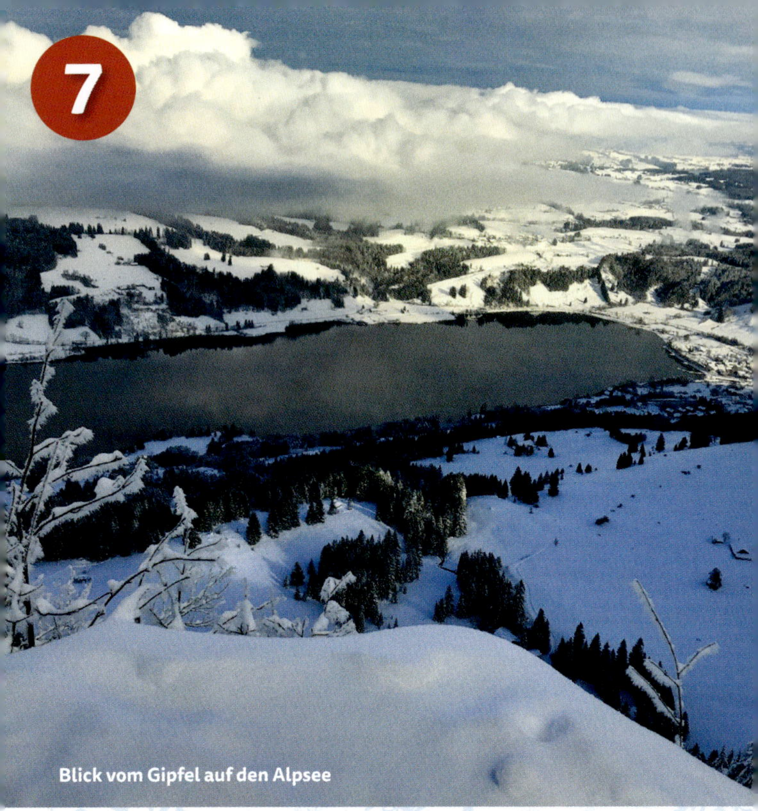

7

Blick vom Gipfel auf den Alpsee

Gschwender Horn

Die Skitour auf das Gschwender Horn besticht durch einen beeindruckend schönen Blick auf den Großen Alpsee bei Immenstadt.

Skitour oberhalb des Alpsees

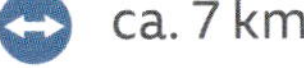

ca. 2 Std. (Aufstieg) ca. 7 km

570 m 570 m

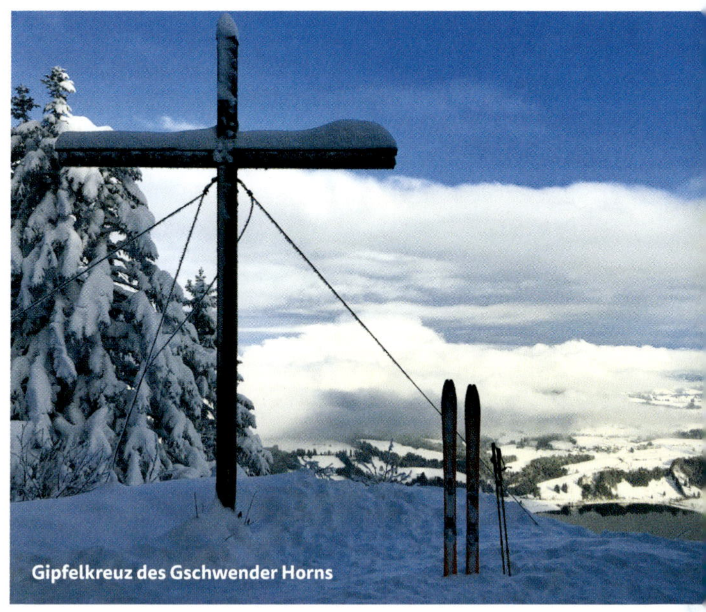
Gipfelkreuz des Gschwender Horns

An der Verbindungsstraße zwischen Immenstadt und Oberstaufen befindet sich der kleine Ort Bühl am Alpsee. Hier zweigt links der Fahrweg nach Gschwend ab. Am Ende der Straße befindet sich ein gebührenpflichtiger Parkplatz.

Zunächst geht es, die Skier auf den Schultern, einige Meter entlang der Straße zum Schullandheim Kleiter ❶, dem eigentlichen Beginn der Tour. Bereits der Aufstieg über die ersten beiden Hänge, der kurz nach dem Schullandheim auf der linken Seite beginnt, verspricht Einiges.

Tipp Die Skitour auf das Gschwender Horn wird gerne gegangen. Somit empfiehlt sich ein früher Anstieg, will man, gerade im unteren Bereich, auf unberührte Hänge treffen.
Auf dem Rückweg lohnt sich eine Einkehr auf der Alpe Gschwenderberg, die am Wochenende bewirtschaftet ist.
Die hausgemachten Kässpatzen sollte man sich nicht entgehen lassen.

Talwärts öffnet sich der Blick auf den Großen Alpsee und die gegenüberliegenden Alpen um die Salmaser Höhe kommen in Sicht. Auf etwa 1.000 m Höhe taucht linker Hand die Rückseite der Alpe Gschwenderberg ❷ auf. Dahinter das Immenstädter Horn. Einige Höhenmeter oberhalb zeigt sich ein grünes Warnschild. Ein guter Anhaltspunkt für den weiteren Tourenverlauf. Das Schild verweist auf ein Aufforstungsgebiet und lotst den Skitourengeher unterhalb das Waldrands nach Westen.

In einer schmalen Waldschneise geht es weiter bergauf. Zur weiteren Orientierung dient eine Baumgruppe hinter der Schneise. Der Hang wird freier und die Alpe Starkatsgund ❸ schiebt sich in das Blickfeld. Die Alpe bleibt auf der rechten Seite liegen und es geht über den Rücken des Gschwender Horns hinauf. Die großen freien Weideflächen versprechen bei entsprechender Schneelage traumhaftes „Powder-Vergnügen".

Bald wird der Anstieg auf den Rücken flacher und es geht durch ein letztes bewaldetes Stück, den Hinweisschildern ❹ folgend, hinauf zum Gipfelkreuz des Gschwender Horns. Am Gipfelkreuz angekommen, gibt die steil abfallende Nordwand den Blick auf die unten liegenden Alpen und den Großen Alpsee frei.

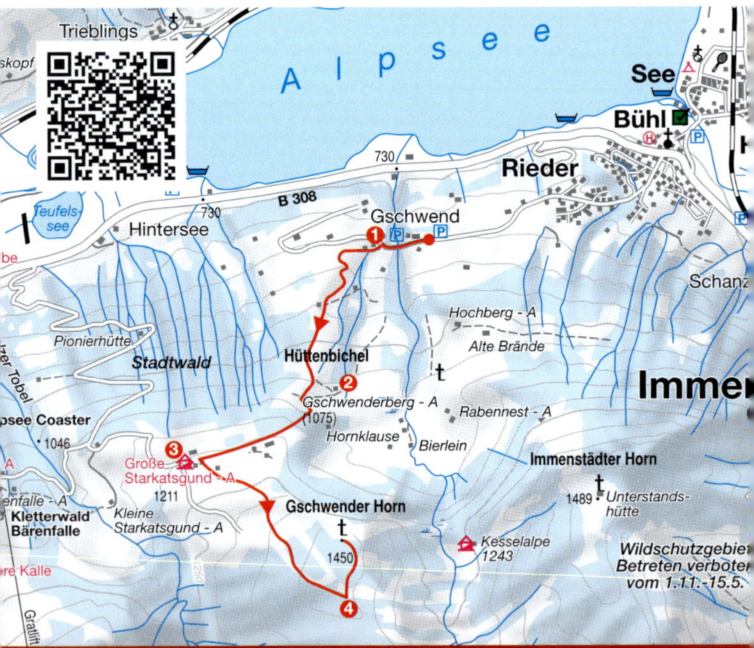

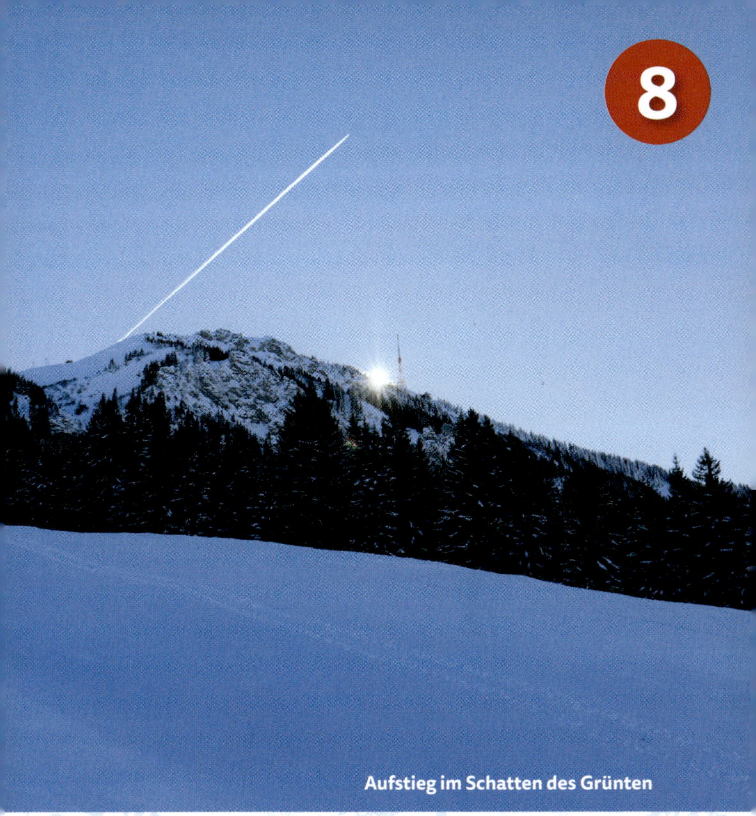

8

Aufstieg im Schatten des Grünten

Grünten

Der Aufstieg über die Grüntenhütte lohnt sich gleichermaßen für Skitourengeher und Rodler.

Auf den Wächter des Allgäus

ca. 3 Std. (Gipfel)

6,57 km

510 m

510 m

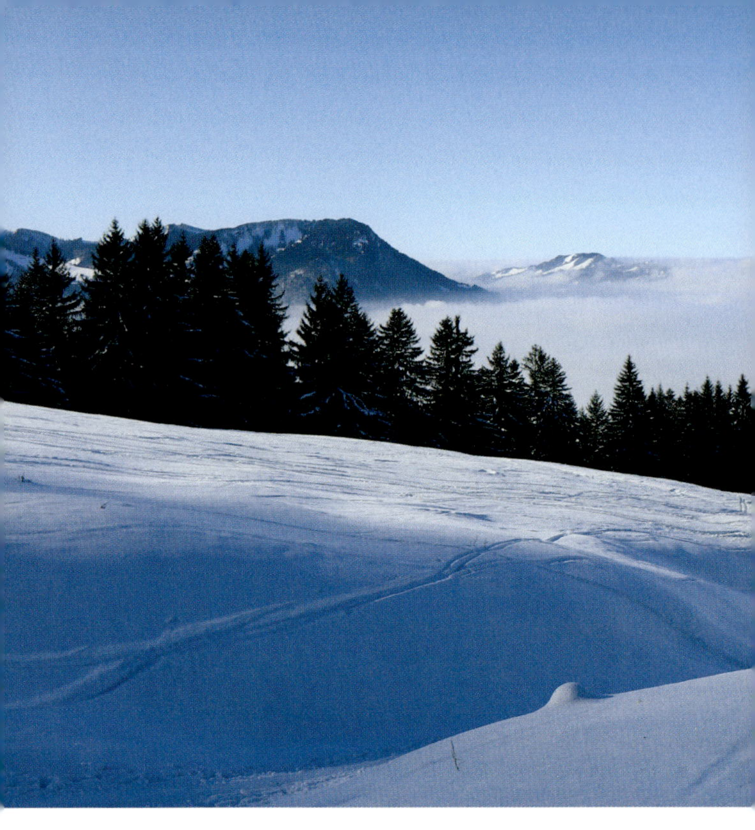

Zwischen Rettenberg und Wertach zweigt linker Hand die Fahrstraße in Richtung Kammeregg Alpe ab. Der Parkplatz bei der Bernardi-Brauerei ist Ausgangspunkt zu dieser Tour.

Wer mit dem Rodel aufsteigt, wählt am besten den weiteren Verlauf des Fahrwegs in Richtung Kammeregg Alpe ❶. Der direkte Aufstieg über den Hang am Parkplatz ist eher für Schneeschuhe und Tourenski geeignet. In einer breiten Waldschneise geht es ohne Eingewöhnung direkt nach oben. Am Ende des Hangs verjüngt sich der Weg und taucht in den Wald ein. Hier schlängelt sich die Aufstiegsroute durch den Wald nach oben. Der eingezäunte Jungwald bleibt rechts liegen. Die Skitouren-Beschilderung weist hinauf zur Fahrstraße, die Kammeregg Alpe und Grüntenhütte verbindet ❷.

Auf der schneebedeckten Straße geht es an der unbewirtschafteten Oberen Kammeregg Alpe hinauf nach oben. Nach einem kurzen steileren Stück oberhalb der Alpe kommt der

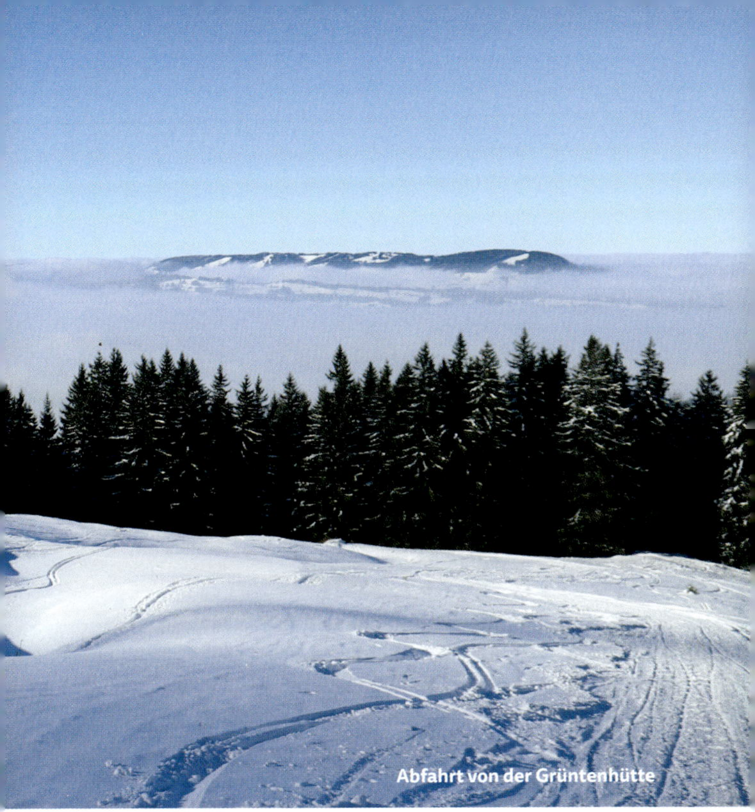

Abfahrt von der Grüntenhütte

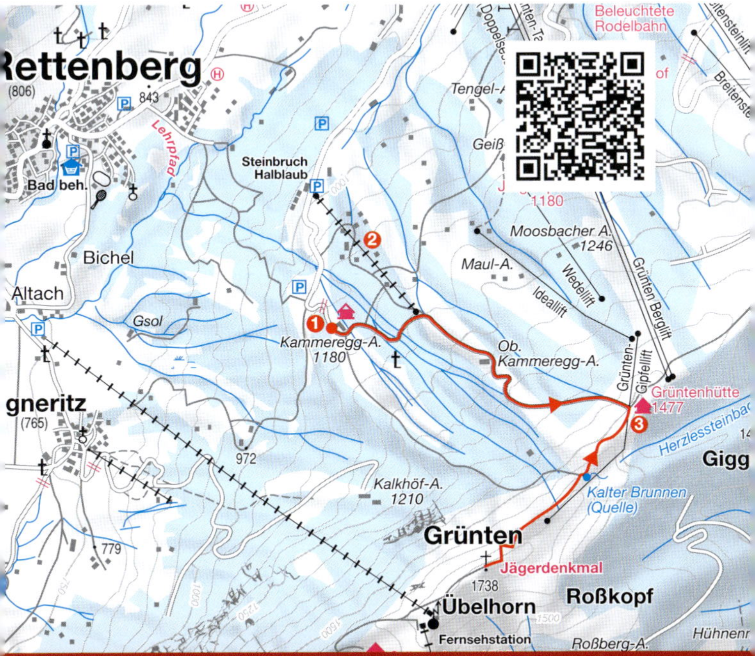

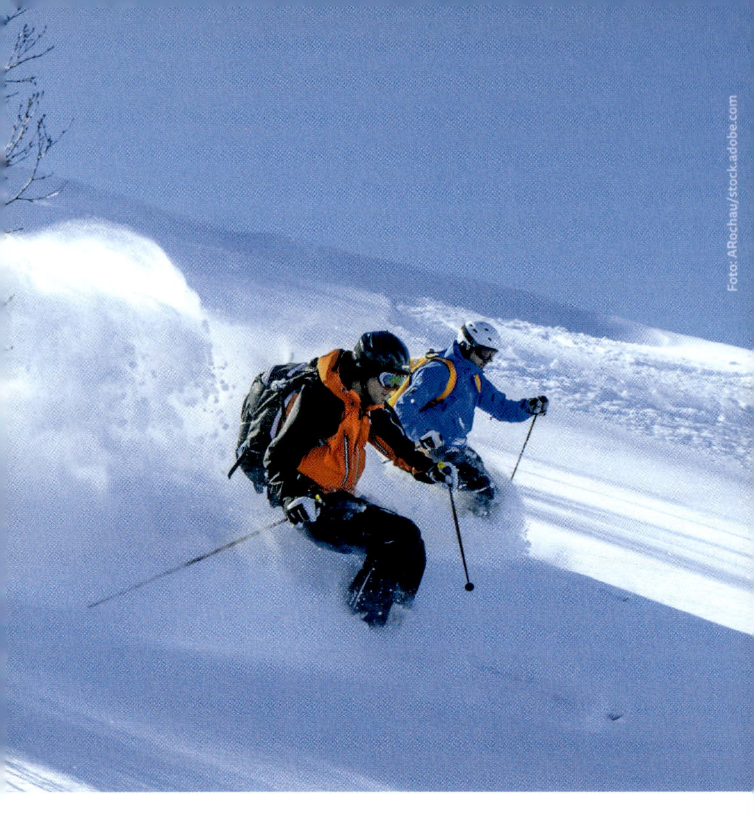
Foto: ARochau/stock.adobe.com

langgezogene Bergrücken des Grünten in Sicht. Oben ist bereits die Lifttraße der Grüntenlifte zu sehen. Bald darauf folgt die Grüntenhütte ❸.

Hier ist für Rodler Endstation. Die Skitourengeher folgen weiter dem Rücken und der Lifttrasse nach oben. Ab der Gipfelstation des Schlepplifts wird der Aufstieg deutlich steiler. Ab dem oberen Absatz des Hanges geht es nurmehr zu Fuß in Richtung Jägerdenkmal, dessen Besteigung nur bei wenig Schnee empfehlenswert ist. Im Anschluss an die Tour bietet sich eine Einkehr in der Bernardi Brauerei an *(www.bernardibraeu.de)*.

Tipp Weit weniger ausgesetzt, aber mit einer nicht minder schönen Aussicht, bietet sich für Skitourengeher die kleine Erhöhung links oberhalb der Gipfelstation an.

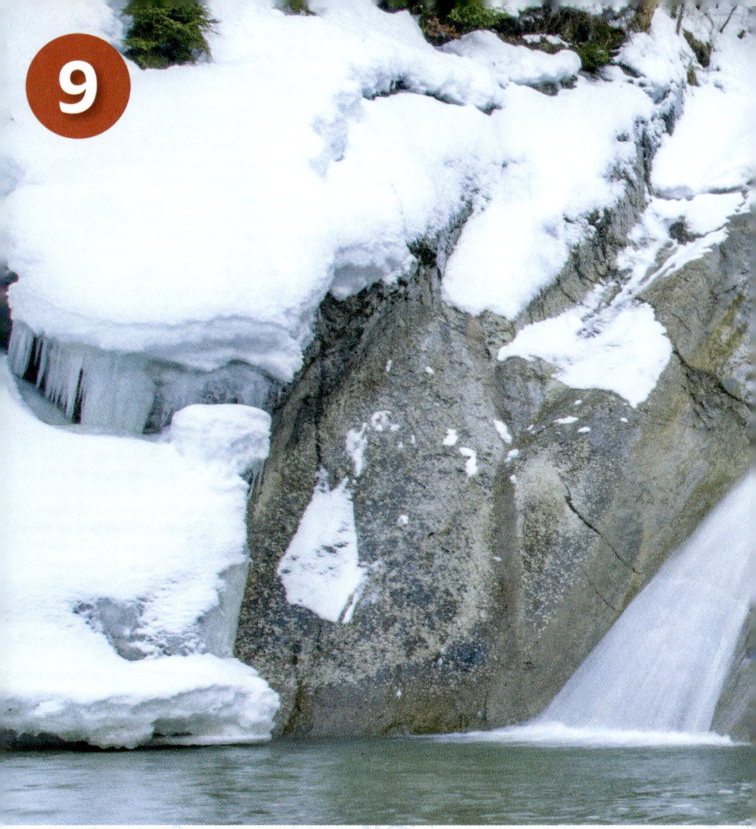

9

Starzlachklamm

Das Wasser, das die Starzlachklamm in Jahrhunderten formte, bildet in den Wintermonaten bizarre Formen.

Eisiger Tobel bei Sonthofen

ca. 2 Std.

3,63 km

180 m

190 m

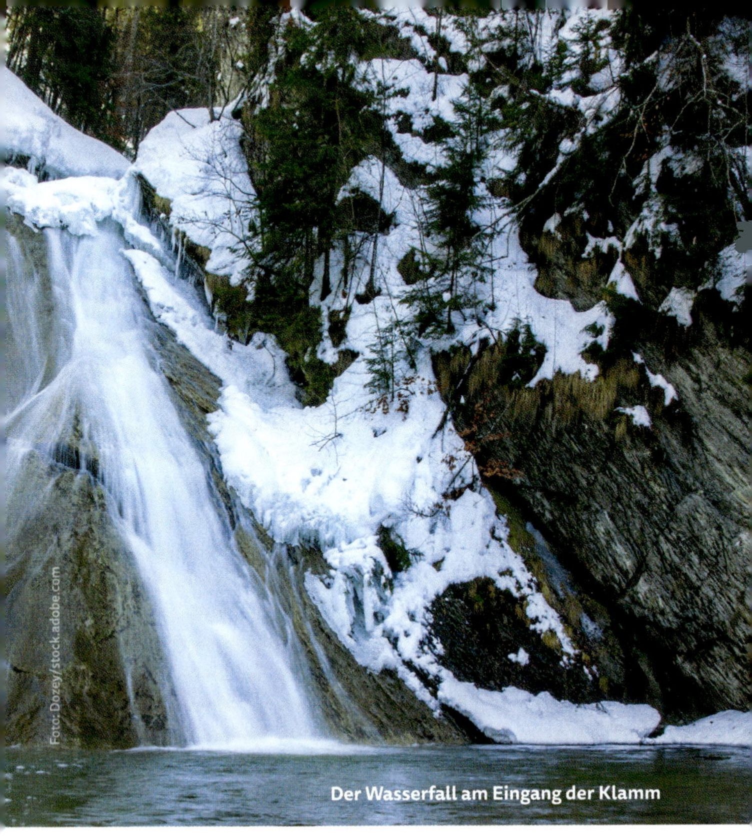

Der Wasserfall am Eingang der Klamm

Im Sommer ist die Starzlachklamm Anziehungspunkt zahlreicher Wanderer und Canyoning-Fans. Manch wagemutiger rutscht auf dem großen Wasserfall bei der Klammhütte nach unten. Im Winter zeichnet die Klamm ein anderes Bild. Still und eisig.

In Winkel, einem Ortsteil von Sonthofen, befindet sich der gebührenpflichtige Parkplatz zur Starzlachklamm. Der Weg führt zunächst parallel zum Bach in Richtung der Klammhütte ❶. In leichtem Auf und Ab geht es durch

Tipp Das Begehen der Klamm ist im Winter auf eigene Gefahr. Bei großen Schneemengen ist von einem Besuch abzusehen. Am besten geeignet ist der frühe Winter. Die Mitnahme von Snowspikes ist für den eisigen Untergrund sehr zu empfehlen.

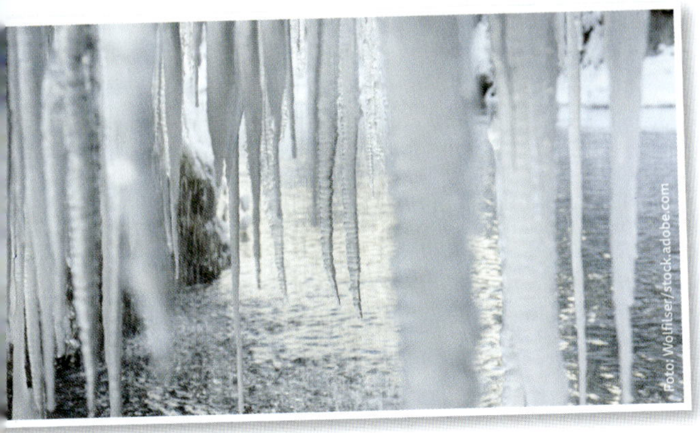

den Wald zum großen Wasserfall. Hier beginnt der eisige Teil der Tour.

Auf dem gefrorenen und teils mit Schnee bedeckten Pfad geht es in die Klamm. Hohe Felswände und die tief in den Fels geschnittene Starzlach prägen die Szenerie. Riesige Eiszapfen hängen an den Wänden und das Brodeln des Baches verstummt mit der wachsenden Eisschicht. Am Ende der Klamm schlängelt sich der Weg in steilen Kehren nach oben ❷. Im Anschluss ändert sich die Landschaft dramatisch. Über die weite sanfte Fläche geht es hinüber zum bewirtschafteten Berggasthof Alpenblick ❸.

Unterhalb des Gasthofs geht es linker Hand in den Wald. Ein zunächst breiter Pfad führt in leichtem Auf und Ab zu einem Fahrweg. Schließlich fällt der Weg über ein paar Stufen steil hinunter zurück zum Parkplatz.

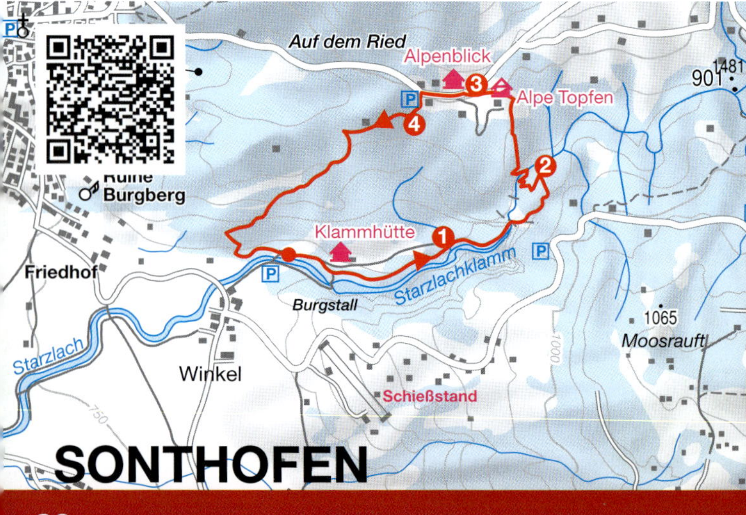

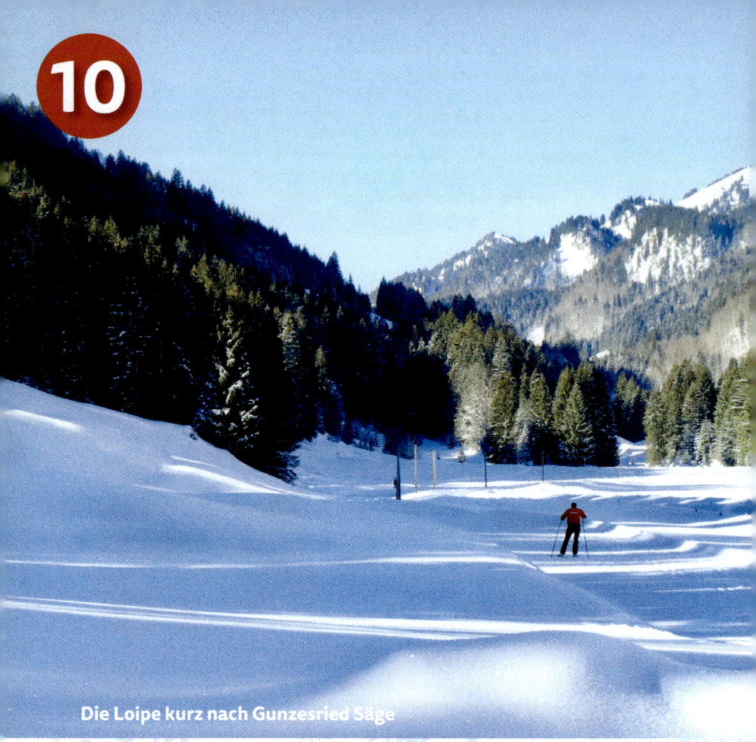

10

Die Loipe kurz nach Gunzesried Säge

Langlaufloipe Gunzesried Säge

Die Stille der Landschaft wirkt fast meditativ, aber das Streckenprofil hat es in sich.

Anspruchsvolles Landschaftshighlight

ca. 1,5 Std.

12,4 km

210 m

220 m

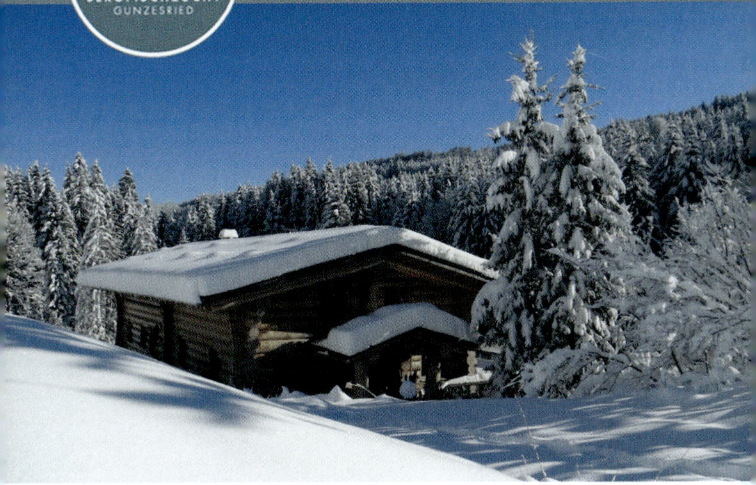

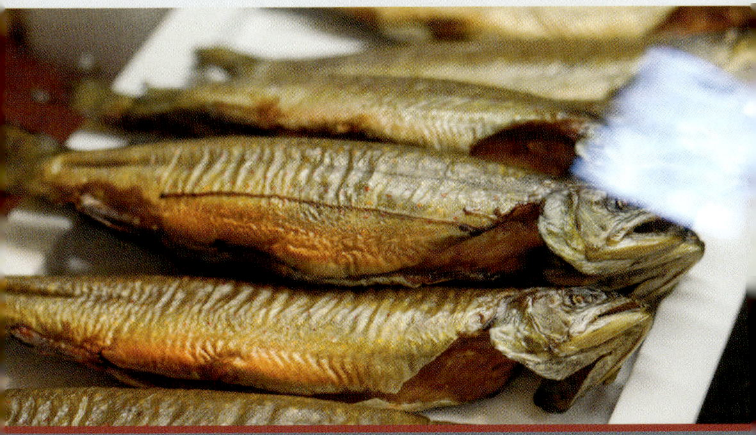

Auf der Verbindungsstraße zwischen Sonthofen und Blaichach zweigt links die Zufahrt nach Gunzesried und weiter nach Gunzesried Säge ab. Der gebührenpflichtige Wanderparkplatz ist Ausgangspunkt für zahlreiche Unternehmungen. Ein paar Meter weiter im Ort befindet sich der Einstieg in die Loipe.

Gut 12 km geht es von Gunzesried Säge hinein ins Autal. Vorbei an der Alpe Gerstenbrändle (nur im Sommer bewirtschaftet), führt die Loipe über eine kleine Kuppe ins Tal. Im Verlauf der gesamten Strecke sind gut 200 Höhenmeter zu bewältigen. Zunächst noch einigermaßen ebenerdig entlang des Aubachs, wird das Gelände mit zunehmender Dauer steiler und erfordert ein gewisses Maß an Kondition.

In Richtung Vordere Aualpe beginnt ein gut 1 km langer Anstieg ❶ zum höchsten Punkt, bevor es wieder zurück in Richtung Gunzesried Säge geht.

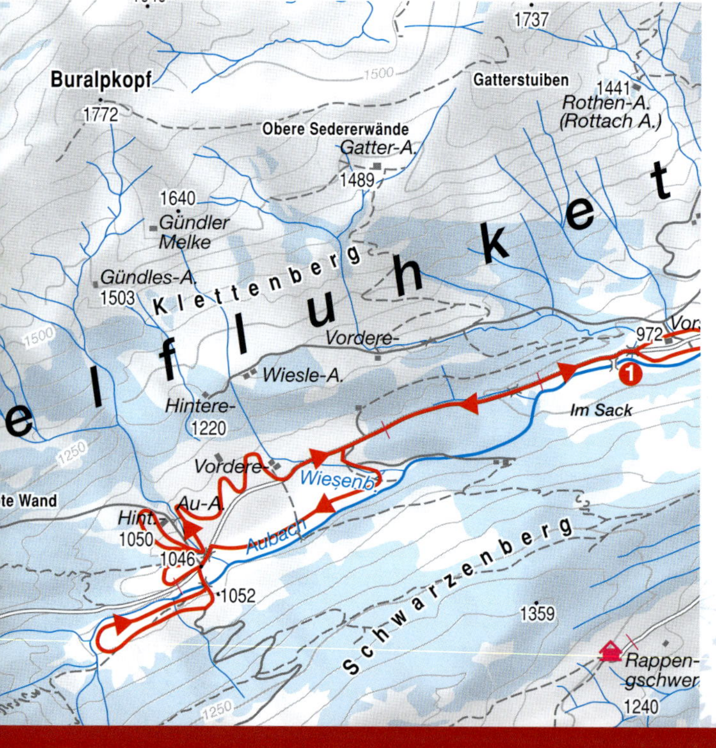

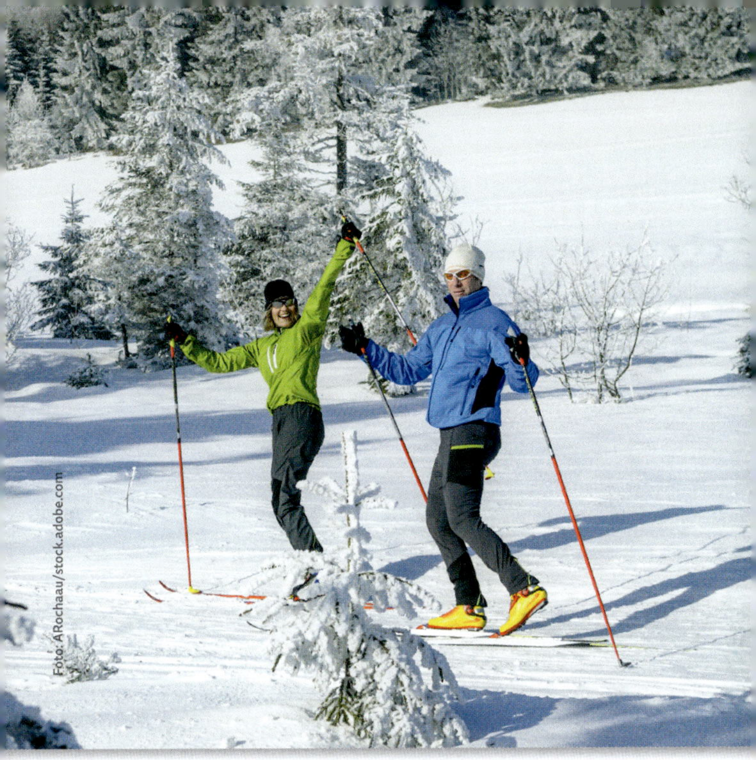

Foto: ARochau/stock.adobe.com

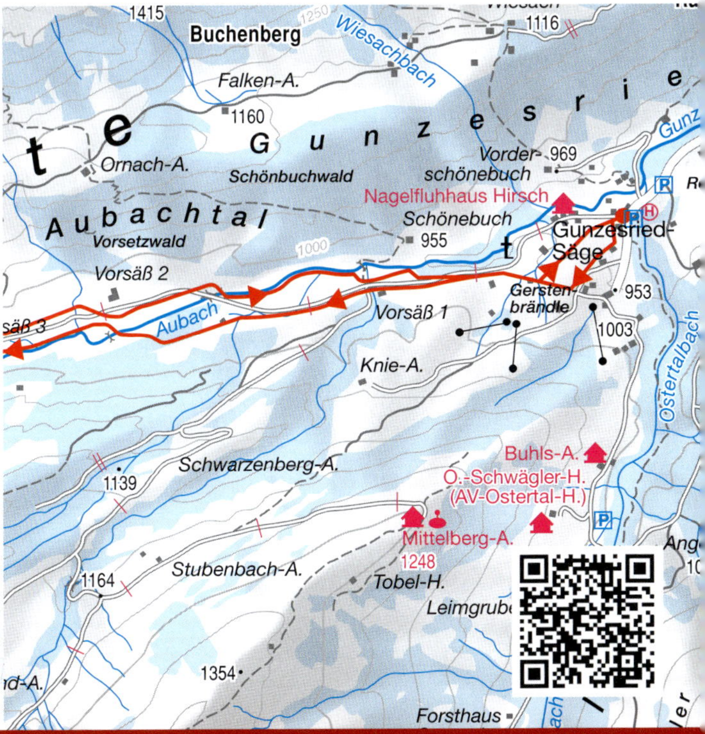

11

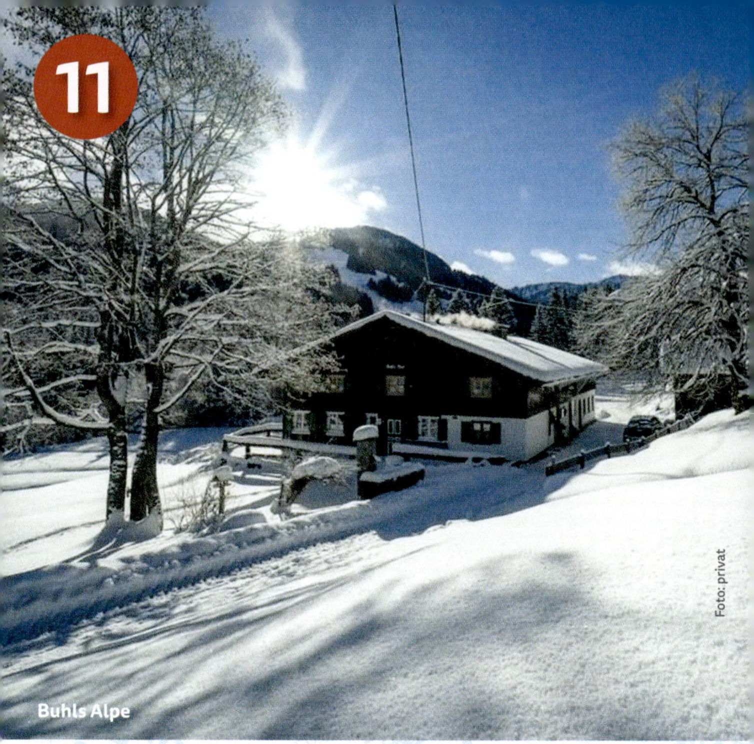

Foto: privat

Buhls Alpe

Buhls Alpe über Mittelbergalpe

Anspruchsvolle Schneeschuhwanderung im Gebiet des Nagelfluh.

Schneeschuhtour im Gunzesrieder Tal

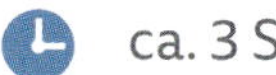 ca. 3 Std.  7,19 km

 300 m  300 m

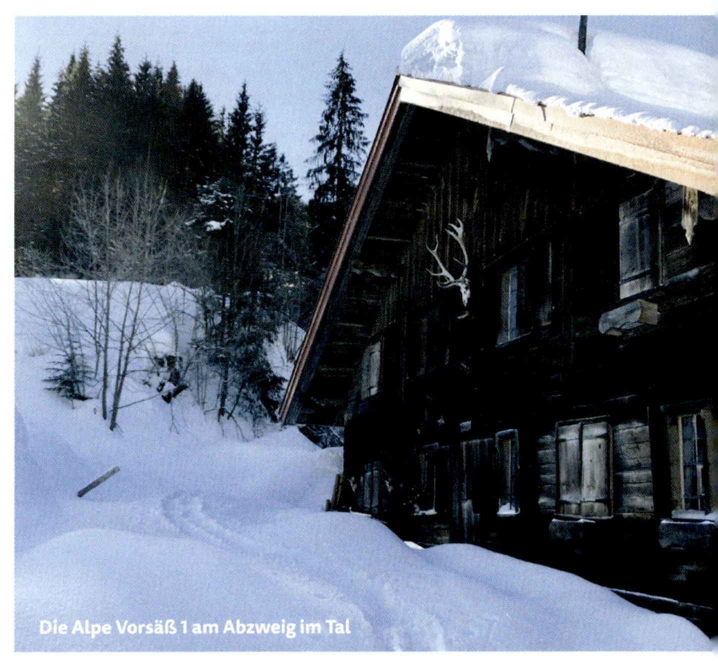
Die Alpe Vorsäß 1 am Abzweig im Tal

Am gebührenpflichtigen Wanderparkplatz bei Gunzesried Säge beginnt diese landschaftlich wunderschöne Schneeschuhwanderung. Zunächst geht es auf der Fahrstraße oder parallel zur Loipe (Erlebnis Nr. 10) hinauf zur Alpe Gerstenbrändle ❶. Hier endet der für den Verkehr freigegebene Fahrweg, da die folgende Mautstraße ins Autal in den Wintermonaten gesperrt ist.

Einige hundert Meter nach dem Mauthäuschen zweigt links der Fahrweg zur Höllritze und Alpe Rappengschwend ab ❷. Der Weg führt mäßig steil in einer langen Geraden nach oben. Nach einer S-Kurve geht es noch ein paar hundert Meter in

Tipp Bei wenig Schnee ist die Tour auch ohne Schneeschuhe machbar. Der Aufstieg bis zum Abzweig zur Mittelbergalpe ist auch eine beliebte Rodelbahn, da der Fahrweg durchweg breit und gut präpariert ist.

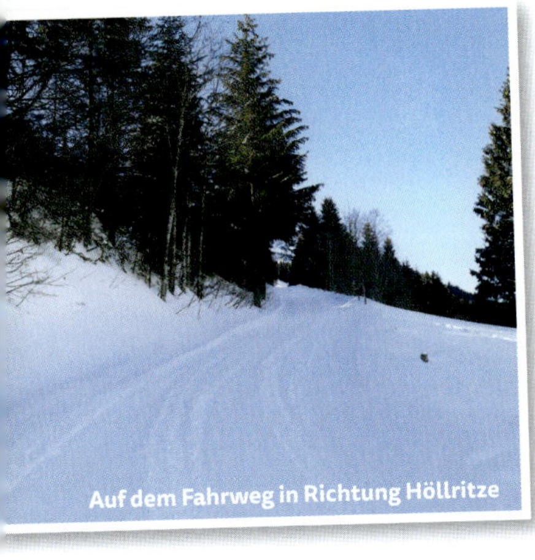
Auf dem Fahrweg in Richtung Höllritze

derselben Richtung bevor hinter einer Kurve der Abzweig zur Mittelbergalpe erreicht ist.

Nun führt die Route in nördlicher Richtung zur Mittelbergalpe. Bis zur Alpe steigt der Weg nochmal etwas an, bevor es anschließend hinunter in Richtung Ostertal geht. Der Weg verläuft zunächst auf dem Höhenrücken, bevor er an einem Wegweiser ❸ steil rechts ab nach unten führt. Etwas oberhalb der Buhls Alpe ist der von Gunzesried Säge kommende, breitere Wanderweg erreicht.

Ein Abstecher nach rechts in Richtung der bewirtschafteten Alpe lohnt sich, bevor es in entgegengesetzter Richtung auf dem breiten Weg zurück geht. Zunächst ebenerdig, dann etwas steiler abfallend, schlängelt sich der Forstweg hinunter in das Dorf, wo diese Schneeschuhtour endet.

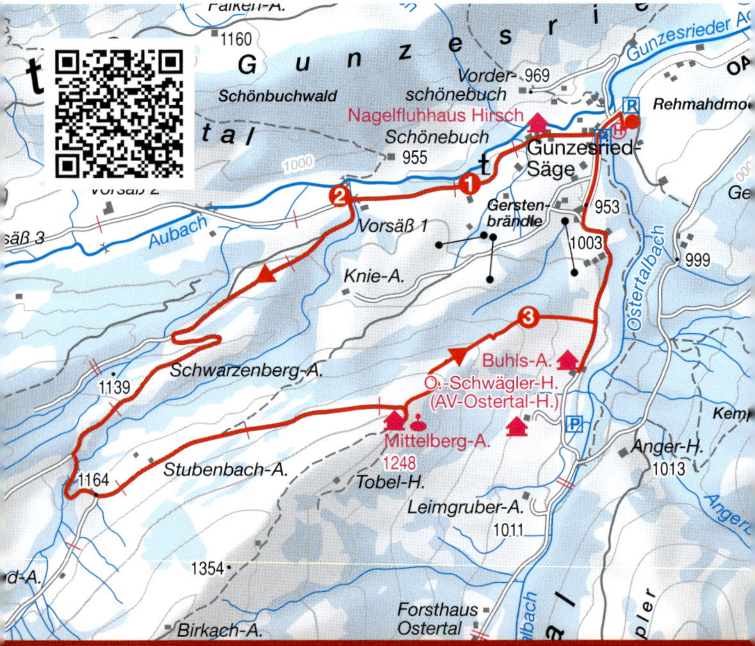

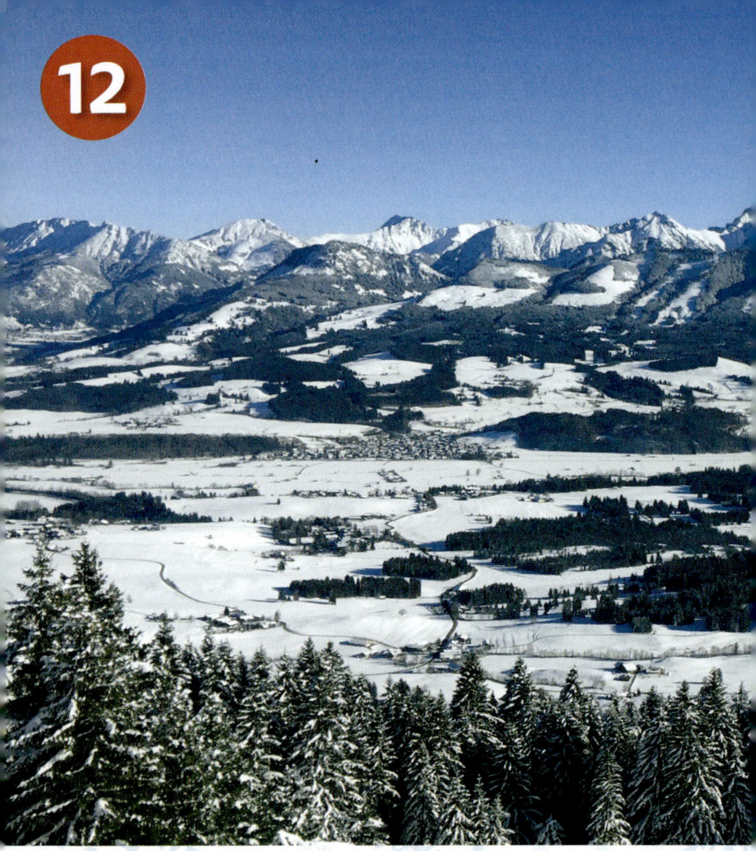

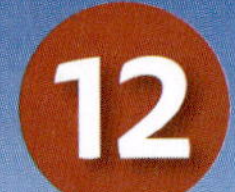

Ofterschwanger Horn

Präparierter Winterwanderweg über dem Illertal.

WANDERN. RODELN. GENIESSEN.

ca. 60 Min.  2,26 km

 40 m  40 m

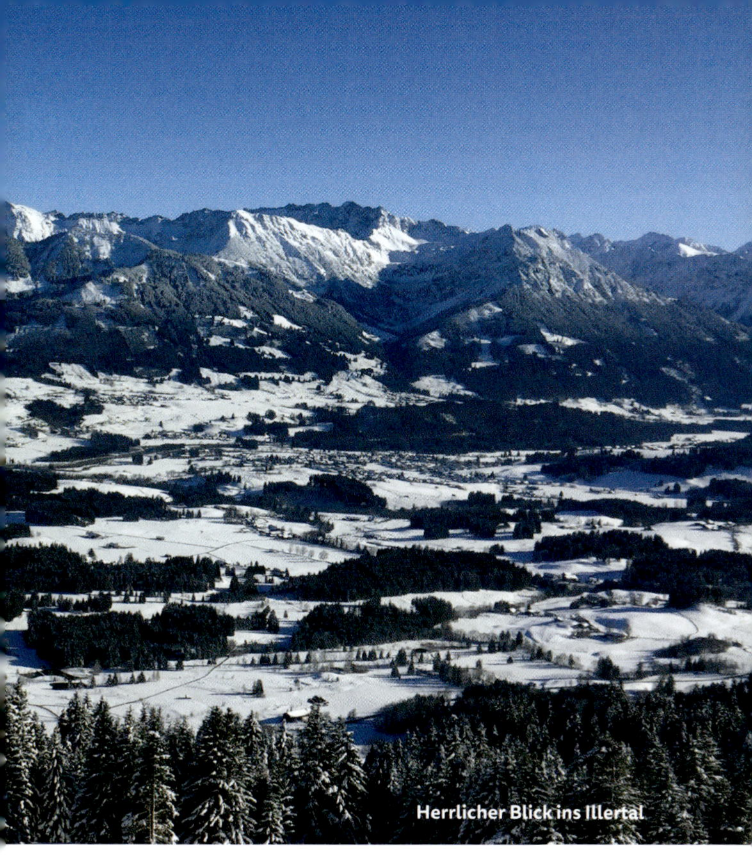
Herrlicher Blick ins Illertal

Der mehrfach ausgetragene Skiweltcup hat dem Sessellift von Ofterschwang seinen Namen gegeben. Mit der Bahn geht es rund 440 Höhenmeter in das Skigebiet, das die Gemeinden Ofterschwang und Gunzesried verbindet.

An der Bergstation des Weltcup Express beginnt der einstündige Rundwanderweg um das Ofterschwanger Horn.

Tipp Auf der Sonnenterrasse der Weltcup Hütte, unterhalb der Bergstation des Weltcup Expresses, hat man einen wunderbaren Blick über das winterlich gekleidete Illertal. Für die Kleinen gibt es eine Rodelbahn, die von der Bergstation in Richtung Gunzesried führt. Von dort geht es mit der Kabinenbahn wieder nach oben.

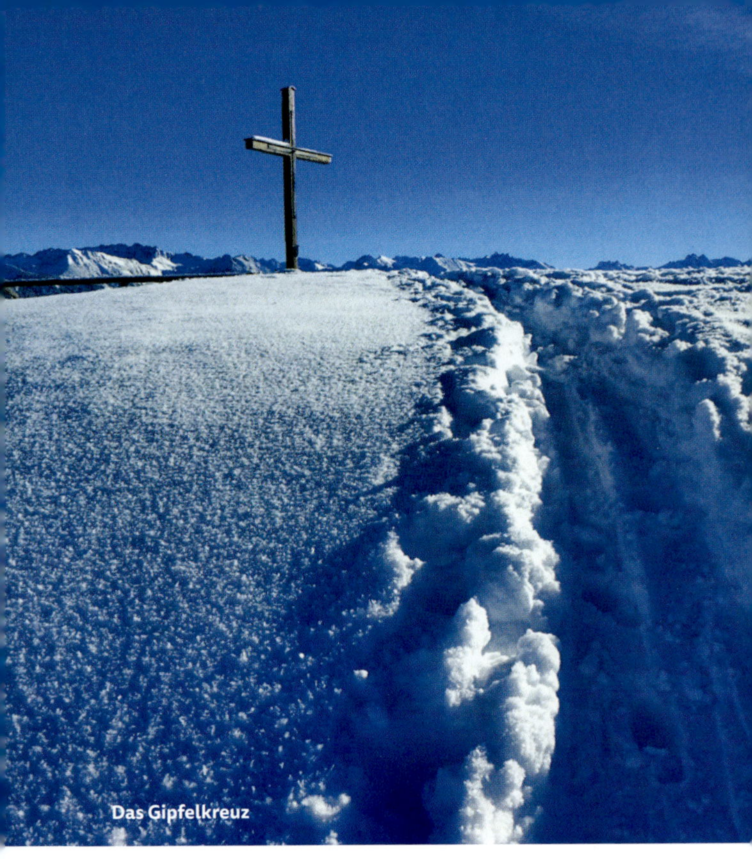
Das Gipfelkreuz

Der präparierte Winterwanderweg verläuft zunächst auf der Gunzesrieder Seite mit Blick auf die Nagelfluhkette in südlicher Richtung. Etwa auf der Hälfte der Strecke erreicht man die Alpe Fahnengehren ❶, die im Winter nicht bewirtschaftet ist. Bei geeigneten Schneeverhältnissen kann man von hier auf den Gipfel des Ofterschwanger Horns aufsteigen.

Der weitere Verlauf des Rundwanderwegs führt über dem Illertal nach Norden. Zur Rechten hat man einen einmaligen Blick auf das weite Tal und die Kreisstadt Sonthofen. Hinter den Sonnenköpfen bauen sich die Hintersteiner Berge auf. Links daneben die Tannheimer, rechts davon die Oberstdorfer Gipfelziele. Und in Richtung des Wegverlaufs der Wächter des Allgäus, der Grünten.

Nach etwa einer Stunde endet die 2,5 km lange Wanderung wieder an der Bergstation des Weltcup Express.

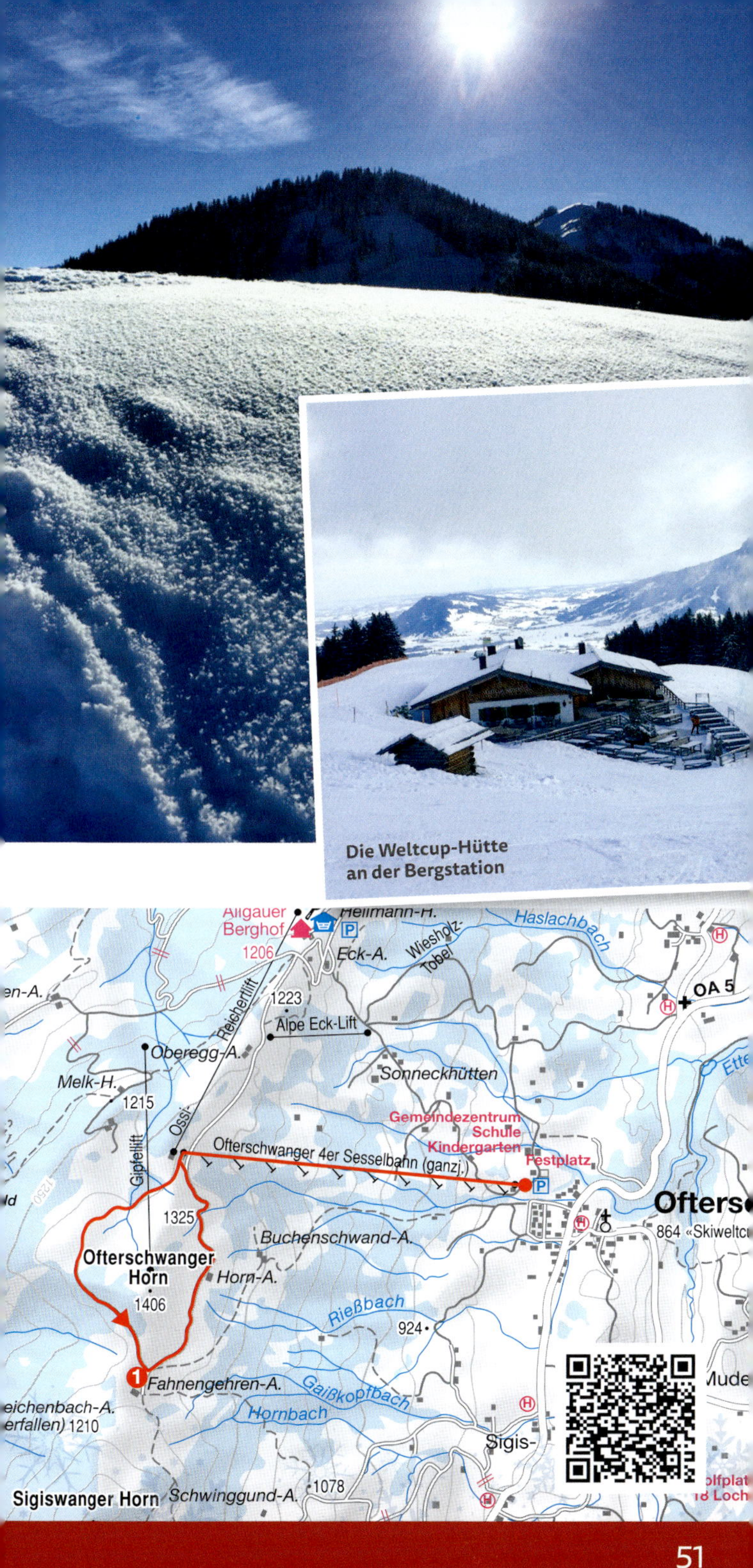

Die Weltcup-Hütte an der Bergstation

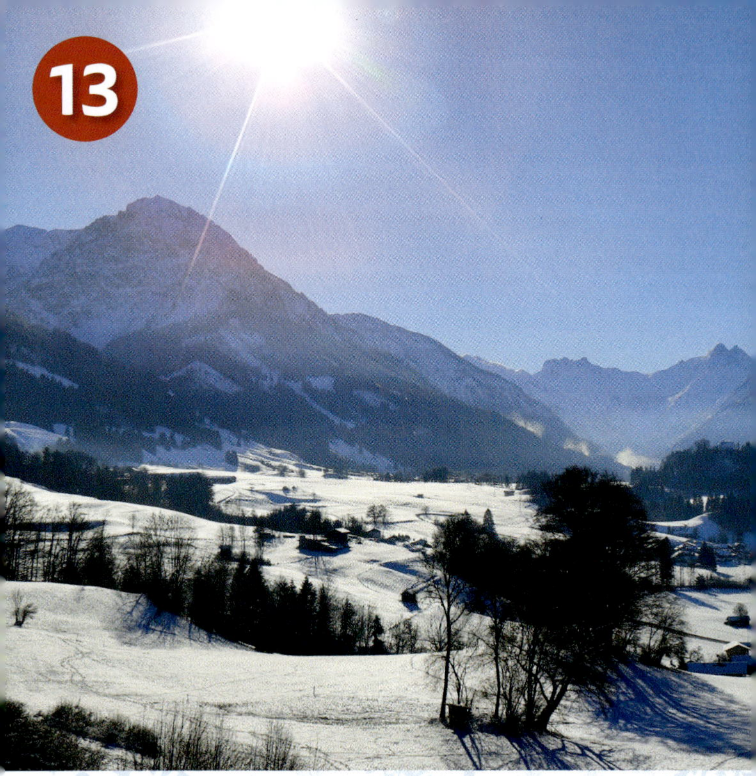

13

Malerwinkel

Der erste Schnee ist gefallen, die Wiesen haben ihr Winterkleid an, der Himmel strahlt in leuchtendem Blau. Perfekt für die kleine Runde zum Malerwinkel.

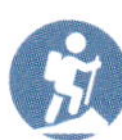 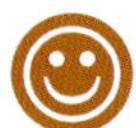

DER SCHÖNSTE PANORAMABLICK AUF DIE ALLGÄUER BERGE

ca. 50 Min.

 2,16 km

 40 m

 40 m

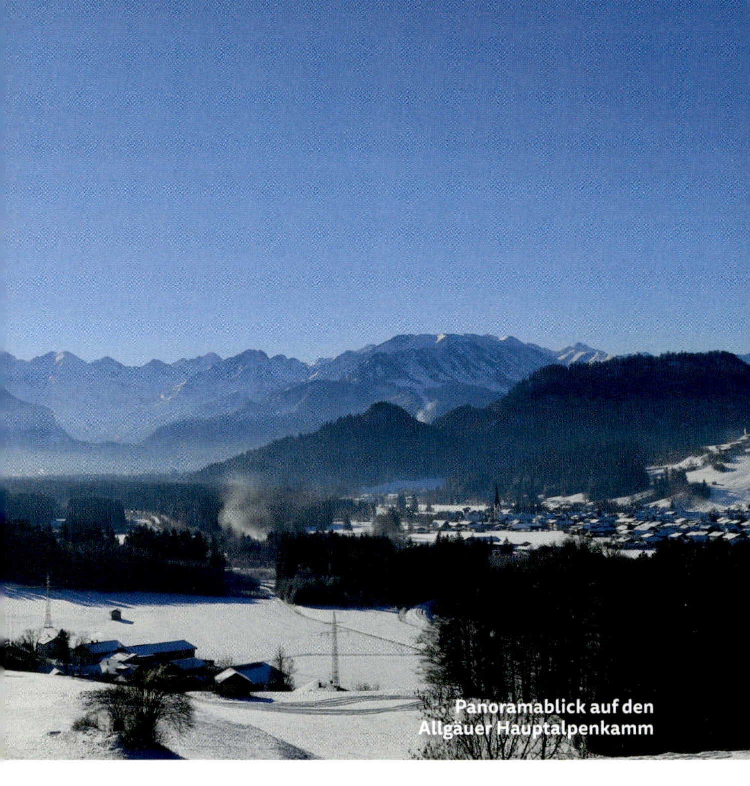

Panoramablick auf den Allgäuer Hauptalpenkamm

An der Nebenstraße, die Sonthofen mit Oberstdorf verbindet, befindet sich kurz vor Hinang ein kleiner Wanderparkplatz. Hier beginnen die Wege durch den Wald rund um den Malerwinkel.

Die gesamte Strecke steigt in ihrem Verlauf nur mäßig an und ist immer wieder von flachen Passagen unterbrochen. Der Beschilderung folgend, biegt der Weg zum Malerwinkel in südlicher Richtung links ab. Nach einer kleinen Steigung taucht der breite Forstweg in den Wald. Nach 10 Minuten zweigt

Tipp Sofern es die Schneelage zulässt, kann man auf dem Rückweg eine Variante einbauen. Hierzu folgt man an der Lichtung ❷ dem Weg in südlicher Richtung. Der Pfad steigt zu Beginn steiler an und führt anschließend in einem großen Bogen zurück auf den ursprünglichen Forstweg.

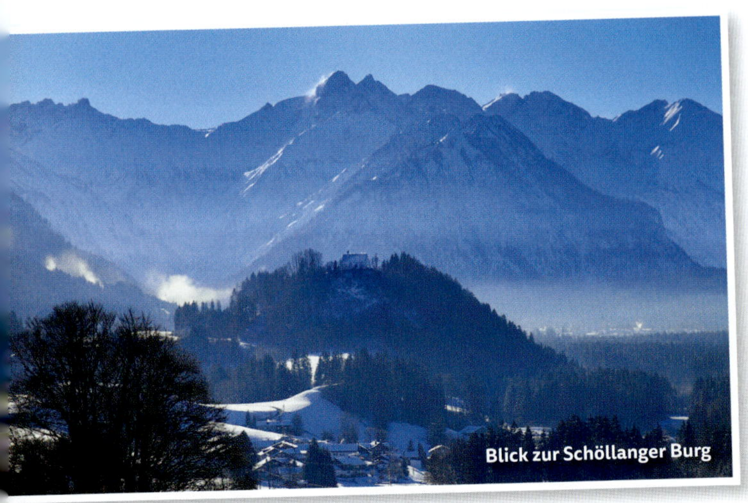
Blick zur Schöllanger Burg

rechts ein schmaler Pfad ab ❶. Der teils unebene Weg führt über Felsen und Wurzeln nahezu ebenerdig auf eine Lichtung ❷ zu. Zum Schluss geht es nochmals stufig hinauf zu den Aussichtsbänken am Malerwinkel.

Hier baut sich eines der schönsten Panoramen im Allgäu auf. Links das mächtige Rubihorn, rechts die fast sanft anmutenden Ausläufer von Söllereck und Fellhorn. Im Süden die idyllisch liegende Schöllanger Kapelle und dahinter der Allgäuer Hauptalpenkamm.

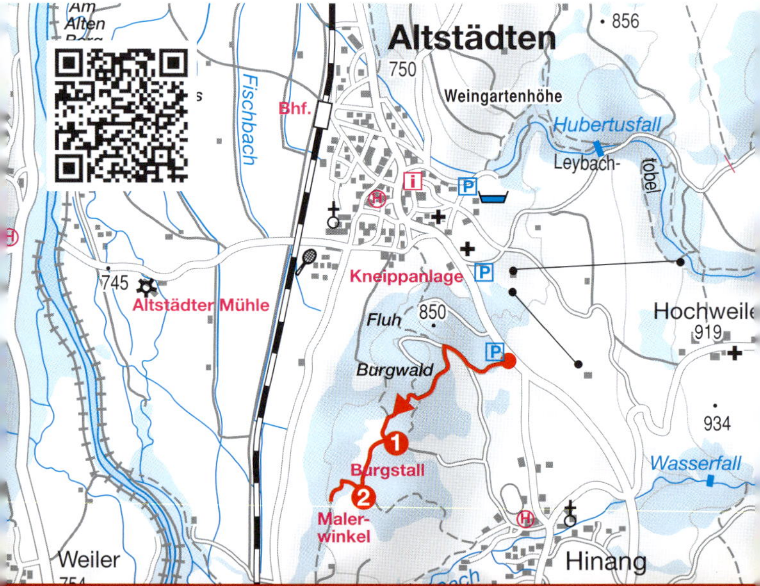

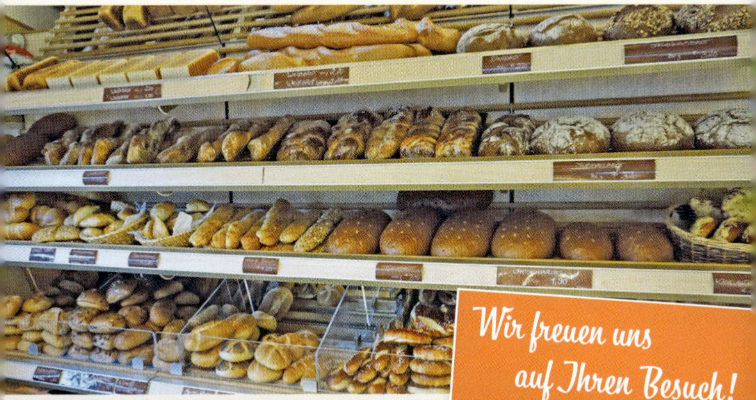

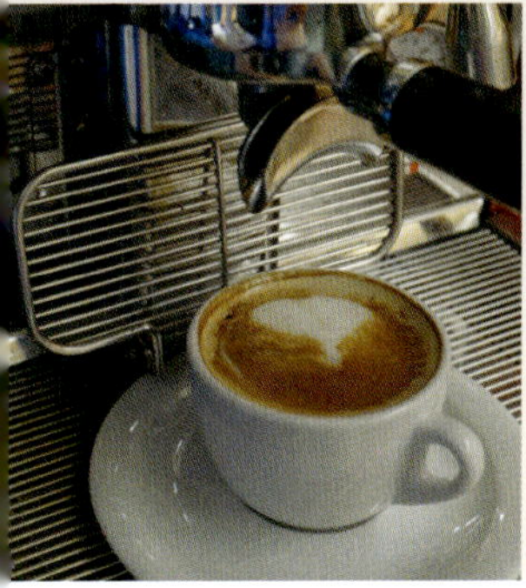

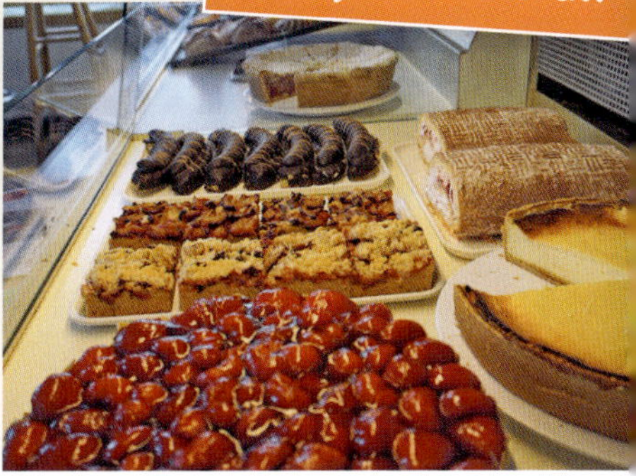

14

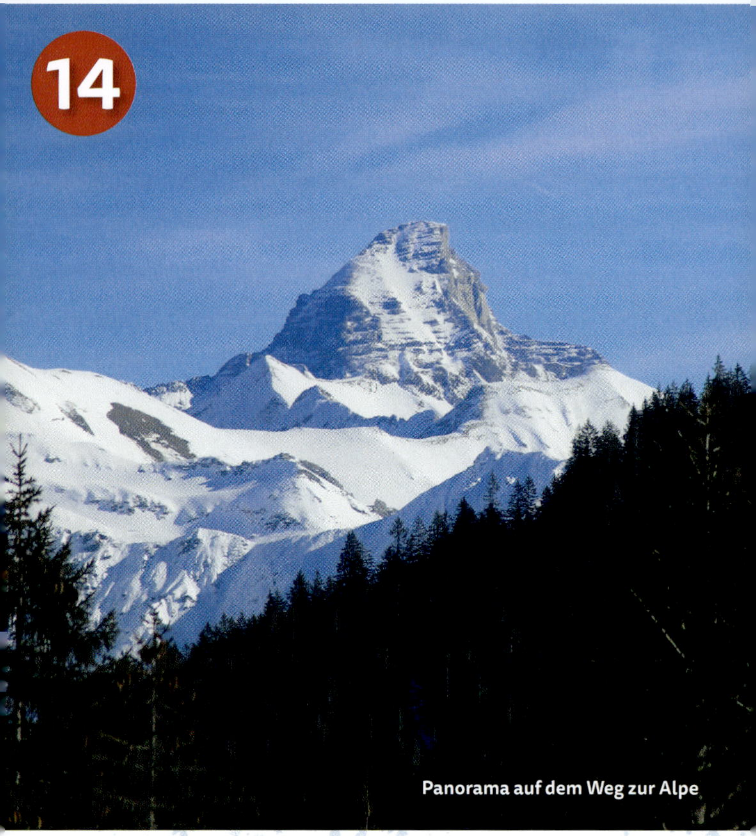

Panorama auf dem Weg zur Alpe

Obere Mittelalpe

Vor diesem Bergpanorama schmeckt die Brotzeit auf der Alpe oberhalb von Balderschwang besonders gut.

GENUSSVOLLE WANDERUNG
PANORAMAWANDERUNG

ca. 2 Std.

6,5 km

100 m

100 m

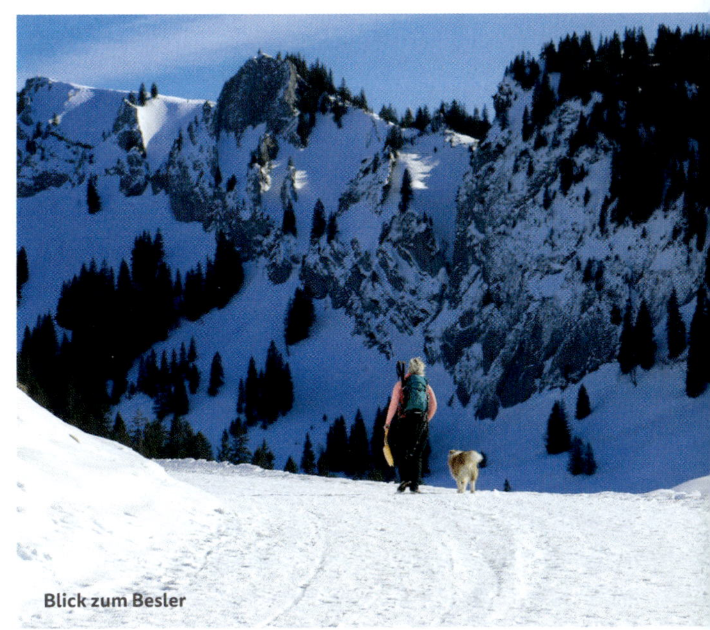

Blick zum Besler

Diese Winterwanderung beginnt an der Passhöhe des Riedbergpasses. Kurz vor der Abfahrt in Richtung Balderschwang befindet sich der Wanderparkplatz ❶. Alternativ kann man auch auf dem gebührenpflichtigen Parkplatz des Skigebiets Grasgehren beginnen. Unterhalb der Grasgehrenlifte Nummer 3 und 4 ❷ führt der Weg nahezu ebenerdig hinüber in Richtung des Wanderparkplatzes.

Im Rücken baut sich der Besler auf (Tour Nummer 15). Auf einem breit präparierten Weg geht es in leichten Wellen um die Südflanke des Riedberger Horns. Die unbewirtschaftete Hörnle Alpe ❸ markiert etwa die Hälfte des insgesamt gut 3 km langen Winterwanderwegs.

Tipp Der gesamte Wegverlauf steigt und fällt im Verlauf der Tour nur wenig an und ab. Für Kinder lohnt sich dennoch die Mitnahme eines Rodels, der spätestens mit Erreichen der Oberen Mittelalpe seine Verwendung findet.

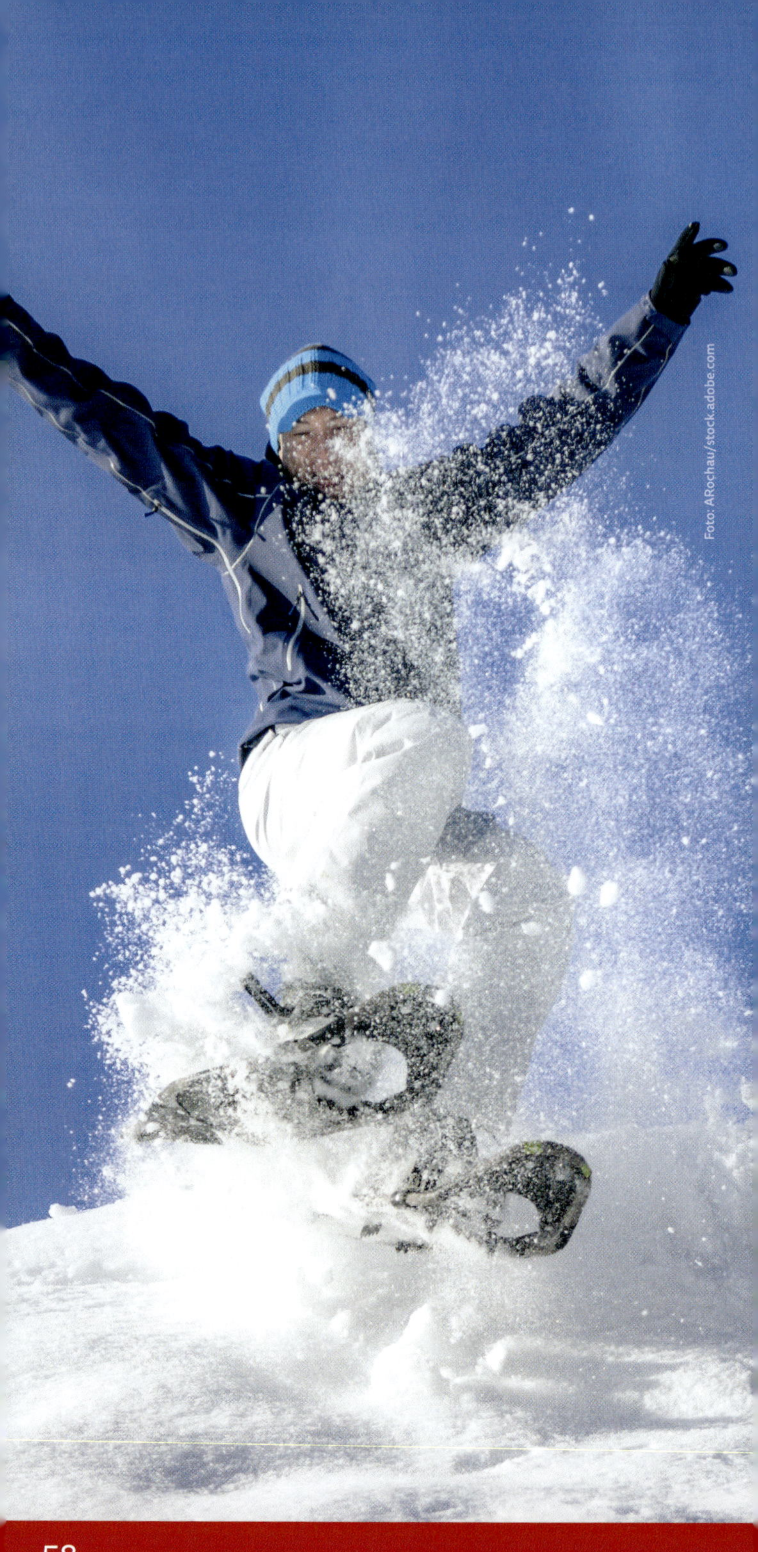

Foto: ARochau/stock.adobe.com

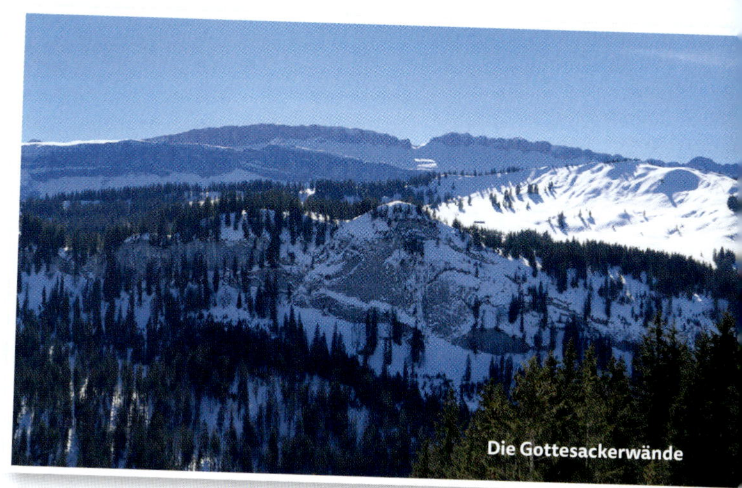
Die Gottesackerwände

Im Süden grüßen die Gottesackerwände am Hohen Ifen oder der mächtige Große Widderstein. Südöstlich befinden sich Fellhorn und Kanzelwand.

Nach einer Stunde Fußweg ist die bewirtschaftete Obere Mittelalpe ❹ erreicht. An schönen Wintertagen genießen zahlreiche Winterwanderer, Schneeschuh- und Tourenskigänger das Panorama bei einer leckeren Brotzeit, hausgemachten Kässpatzen, Kuchen und einem kühlen Getränk.

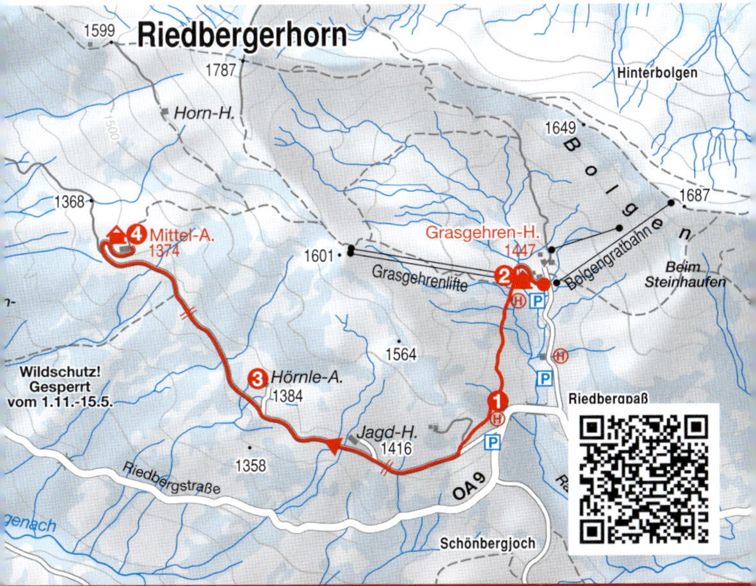

15

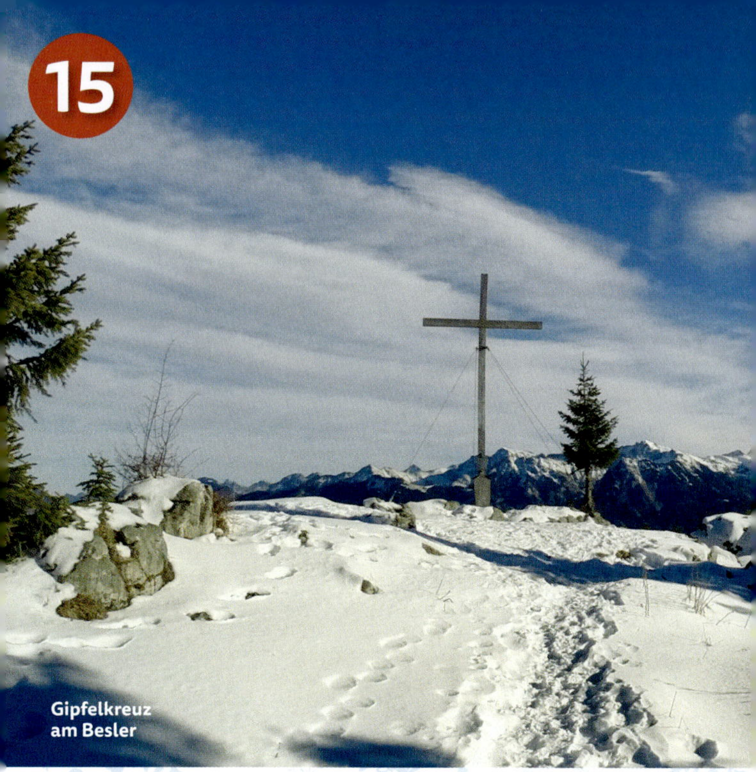

Gipfelkreuz am Besler

Besler

Mächtig erhebt sich der Felsstock des Besler über dem Lochbachtal. Der Aussichtsgipfel am Königsweg ist bereits bei der Anfahrt über das Illertal weithin sichtbar.

Aussichtsfelsen am Riedbergpass

 ca. 3 Std.

 5,2 km

 360 m

 360 m

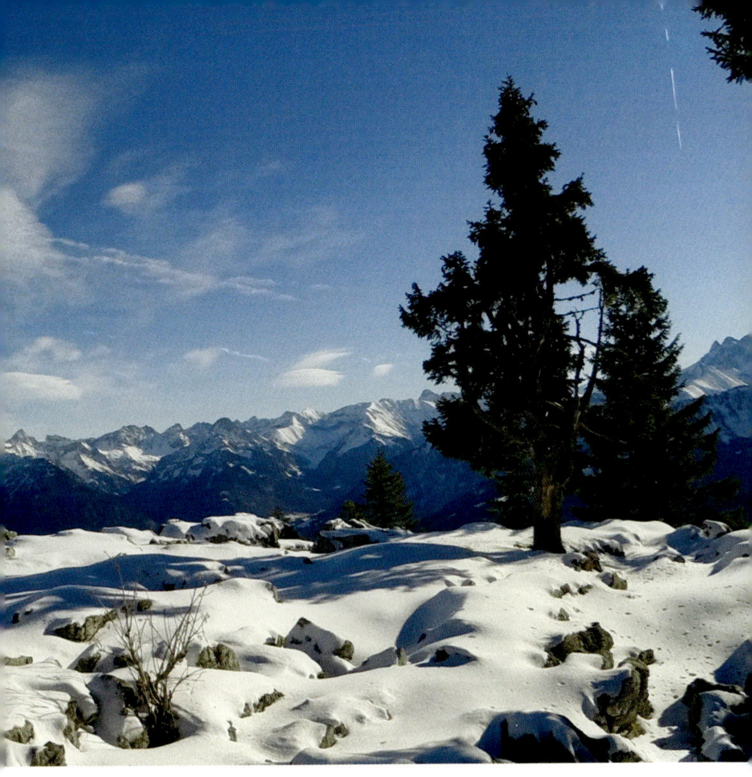

Mit 1.680 m Höhe zählt der Besler nicht zu den höchsten Gipfeln der Allgäuer Alpen. Die Aussicht vom Gipfelkreuz zählt aber dennoch zu einer der schönsten im südlichen Allgäu. Der Berg ist Sommer wie Winter ein beliebtes Ziel, wenngleich der winterliche Aufstieg aufgrund der Schneelage und des steilen Zustiegs nicht zu unterschätzen ist.

Auf dem höchsten Punkt des Riedbergpasses, der die Gemeinden Obermaiselstein und Bolsterlang verbindet, beginnt der gut eine Stunde dauernde Aufstieg. Zunächst fällt

Tipp Der Besler eignet sich als Gipfelziel entweder früh oder spät im Winter. Bei ungünstiger, tiefer Schneelage empfiehlt sich alternativ ab dem Parkplatz am Riedbergpass die Wanderung zur Oberen Mittelalpe (Erlebnis Nr. 14).

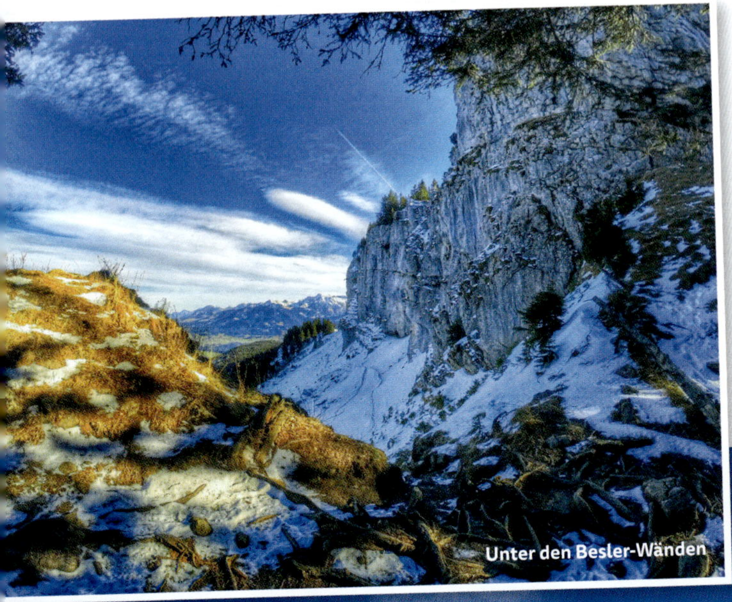

Unter den Besler-Wänden

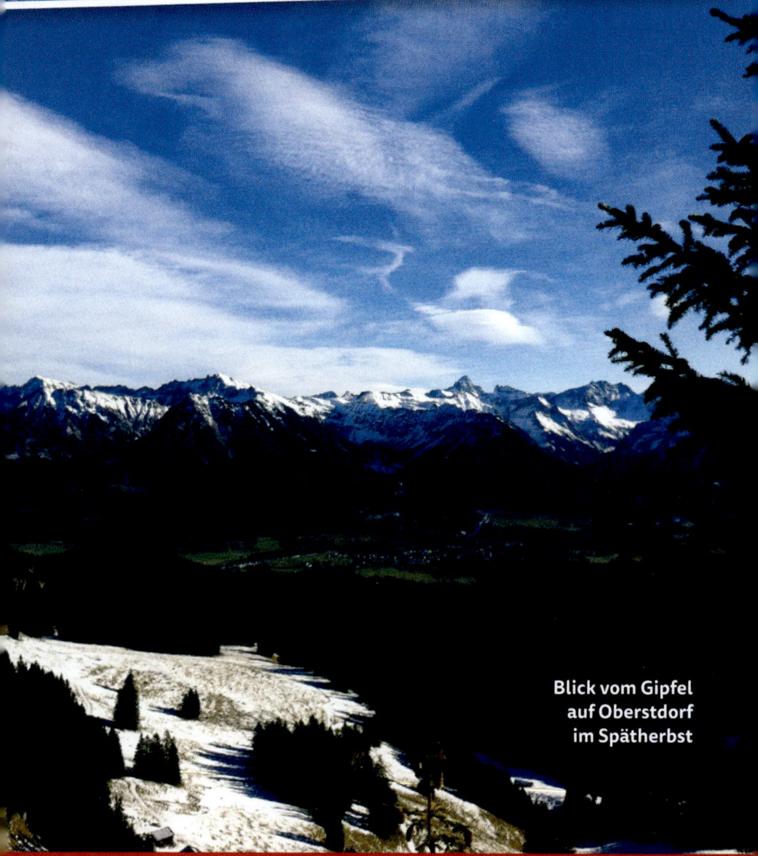

Blick vom Gipfel auf Oberstdorf im Spätherbst

der Weg ein paar Höhenmeter in Richtung der Schönberg Alpe ❶ ab, bevor er über freies Gelände zu steigen beginnt. In einem kleinen Waldstück führt der Wegverlauf in engen Serpentinen weiter, bevor es unterhalb des Beslergrats in felsigem Terrain nach oben geht.

Sobald der Weg im Bereich der Beslerwände etwas flacher wird, wird rechter Hand ein Geländeeinschnitt sichtbar. Hier geht es an einem Wegweiser ❷ steil nach oben. Im Wald auf Höhe des Beslergrats liegt deutlich weniger Schnee als in freiem Gelände, weshalb das leichte Auf und Ab auf der Südseite des Felsstocks weniger anstrengend wird.

Im Verlauf des Schlussanstiegs lichtet sich der Wald mehr und mehr und gibt das Panorama der Oberstdorfer und Walsertaler Berge frei. Nach einer letzten steilen Passage ist das Plateau des Besler und das Gipfelkreuz ❸ erreicht. Ein herrlicher Blick auf Oberstdorf und die umgebende Gipfelwelt entschädigt für die Mühe.

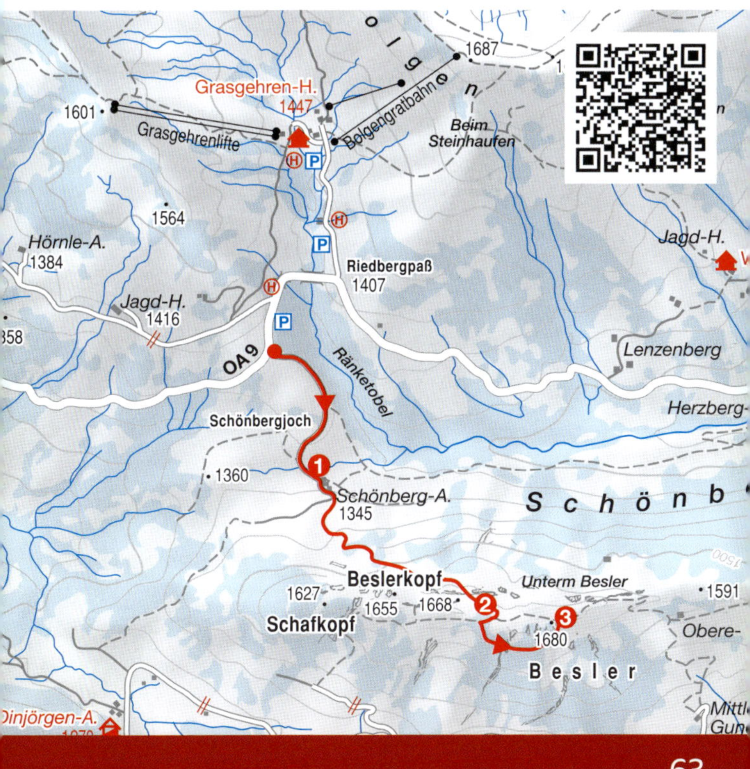

16

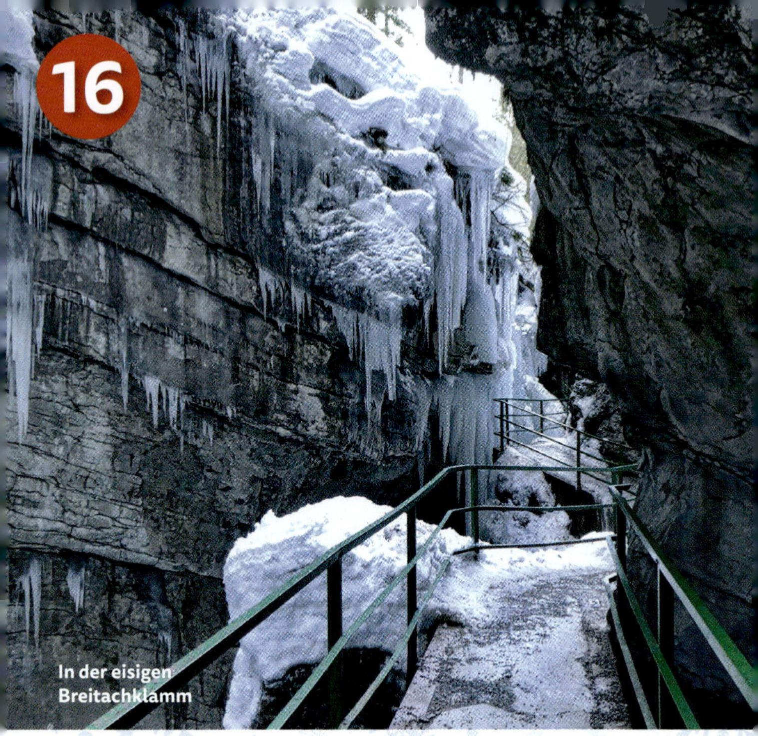

In der eisigen Breitachklamm

Breitachklamm

Dunkelgraue Felsen und ein kühler Windhauch. Brodelndes Wasser und zu Eis erstarrte Wände. Der Winter macht die Breitachklamm bei Oberstdorf zu einem Erlebnis der besonderen Art.

Im Reich der Eiskönigin

ca. 1,5 Std.

3,95 km

150 m

160 m

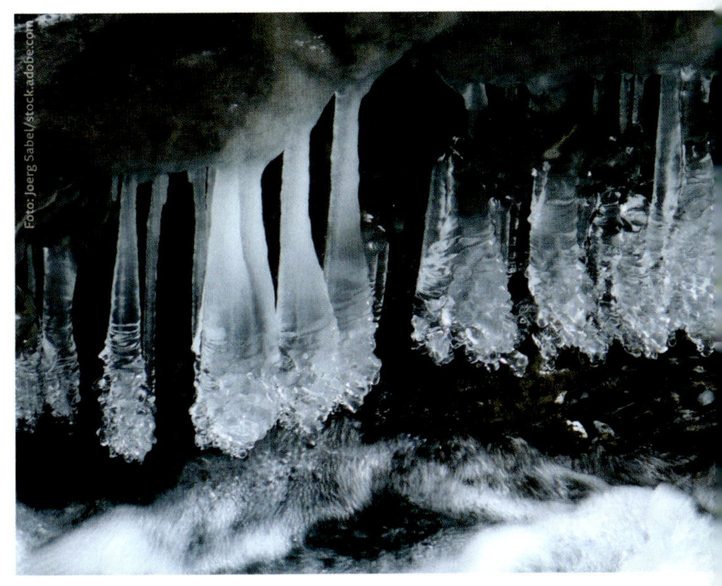
Foto: Joerg Sabel/stock.adobe.com

Von der Bundestraße 19 zweigt kurz vor Oberstdorf die Zufahrt nach Tiefenbach und weiter zum gebührenpflichtigen Parkplatz der Breitachklamm ab. Je nach Witterung und Temperatur kann die Breitachklamm im Winter kurzfristig gesperrt werden. Daher sollte man sich vor einem Besuch auf der Homepage der Klamm informieren. Gutes, festes Schuhwerk ist bei einem Besuch Pflicht.

Der etwa 4 km lange Rundweg beginnt direkt hinter dem Eingangsgebäude ❶. Zunächst ebenerdig, steigt der Weg im Verlauf der Tour leicht an, bevor es gegen Ende etwas steiler nach oben geht. Entlang der Breitach ändert der Weg kurz nach dem Einstieg sein Gesicht. Der zunächst breite Wanderweg

Tipp Die Breitachklamm bietet abendliche Fackelwanderungen an, die die eisige Tour in ein ganz besonderes Licht tauchen. Tarife, Termine für die Wanderungen und aktuelle Öffnungszeiten gibt es auf der offiziellen Homepage *www.breitachklamm.com*

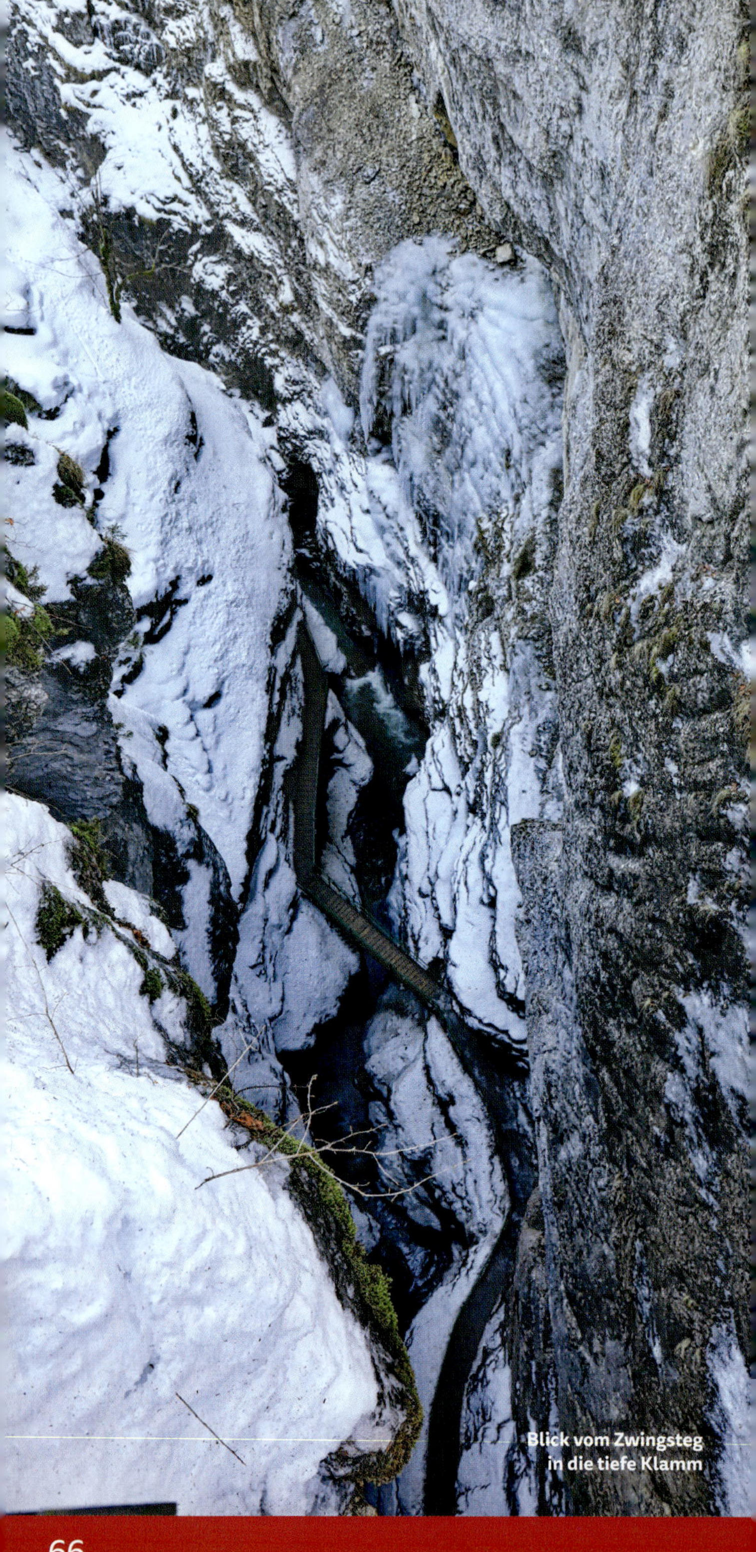

Blick vom Zwingsteg
in die tiefe Klamm

wird schmäler. Stege, Brücken und in den Fels gehauene Wege führen durch die immer enger werdende Klamm. Wasserfälle und Bäche erstarren im Winter und an den Wänden bilden sich ganze Vorhänge aus Eiszapfen. Die Wände rücken links und rechts des Weges immer näher, bevor sich die tief in den Fels geschnittene Klamm gegen Ende wieder weitet und wieder mehr Licht in den steinernen Schlund scheint.

Zur Halbzeit des Rundwegs steigt der Weg entlang der Klamm an. Über eine Eisentreppe erreicht man das kleine Eintrittsgebäude in der Nähe der Walserschanz. Hier beginnt der Rückweg. Der Zwingsteg ❷, eine Brücke über den engsten Teil der Klamm, bietet nochmals einen schwindelerregenden Tiefblick hinunter zur Breitach. Im weiteren Verlauf wird das Rauschen des Baches leiser und leicht ansteigende Serpentinen führen durch den Wald nach oben.

Auf einem wenig befahrenen Anliegerweg erreicht man die bewirtschaftete Alpe Dornach ❸ vor dem herrlichen Bergpanorama des Nebelhorns. Frisch gestärkt geht es wahlweise auf dem Fahrweg, oder über einen steilen und daher bei ungeeigneter Witterung gesperrten Wanderweg zurück zum Ausgangspunkt.

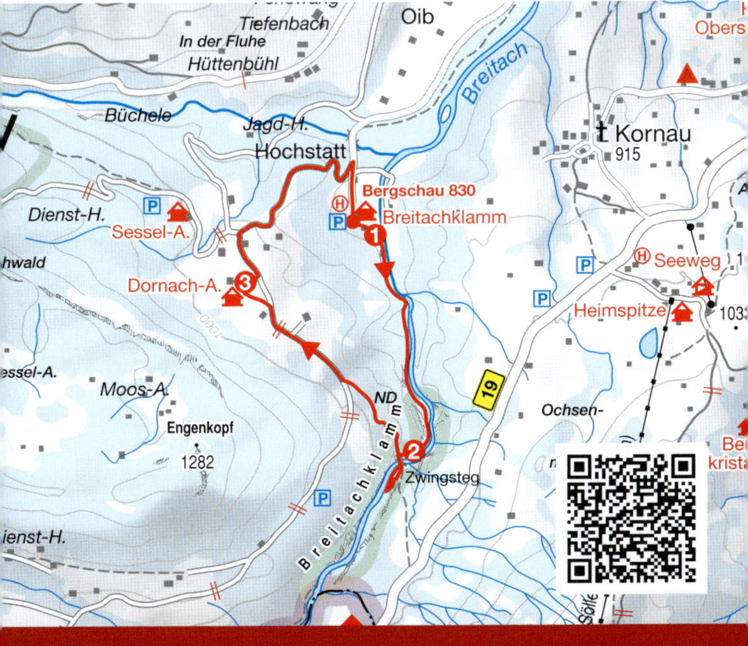

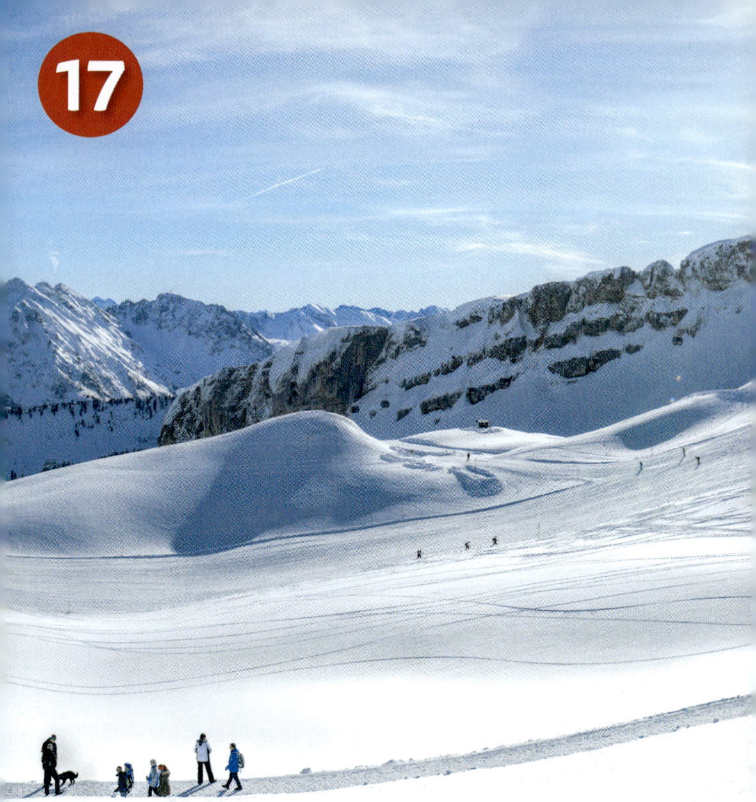

17

Gottesacker

Die Höhenwanderung über das Gottesacker-plateau fesselt mit ihrer grandiosen Aussicht.

Dünenlandschaft auf 2.000 m

ca. 2. Std.

5 km

110 m

190 m

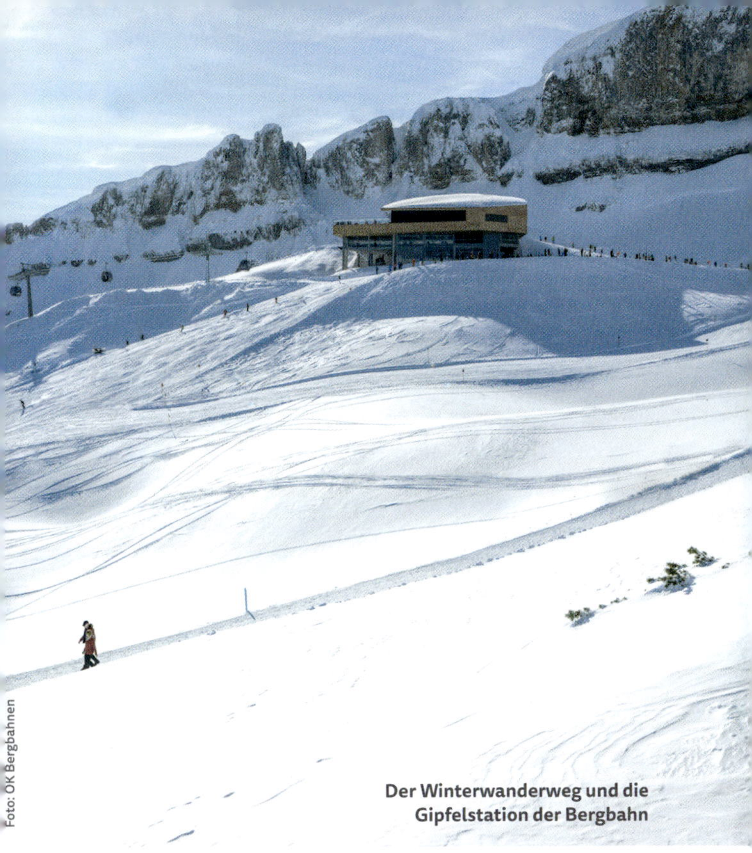
Foto: OK Bergbahnen

Der Winterwanderweg und die Gipfelstation der Bergbahn

Im Grenzgebiet zwischen Deutschland und Österreich erstreckt sich auf 2.000 m Höhe das Gottesackerplateau. Die Anfahrt erfolgt von Oberstdorf kommend nach Riezlern. Hinter der großen Brücke zweigt links die Zufahrt zur Ifenbahn in Richtung Schwarzwassertal ab. An der Auenhütte befindet sich die Talstation mit dem Parkplatz.

Der Rundwanderweg auf der Hochebene beginnt an der Bergstation der Ifenbahn. Gut beschildert, markiert der

Tipp Eine Einkehr im Gipfelrestaurant „Tafel & Zunder" bietet neben regionalen Spezialitäten auch eine einmalige Aussicht über das Skigebiet am Ifen.

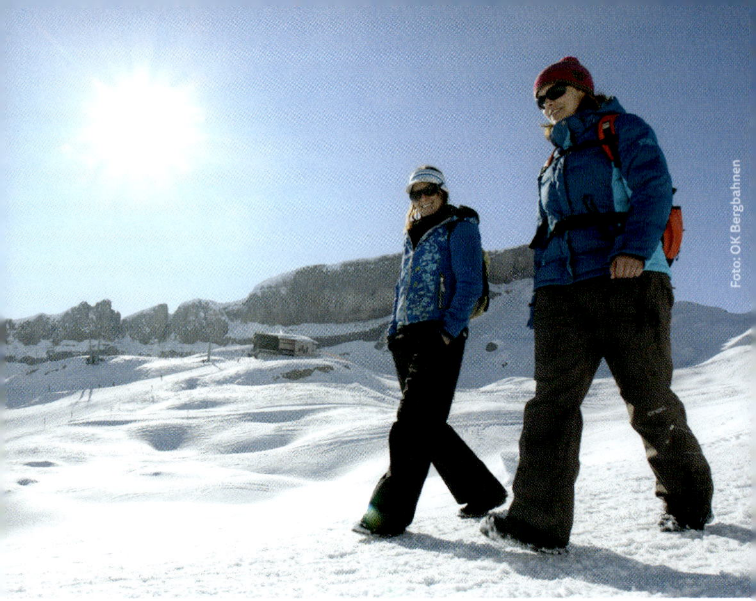

präparierte Wanderweg eine große Schleife. Immer in Sichtweite des markanten Ifen geht es durch die Winterlandschaft.

Im Sommer kann man hier durch eine unwirkliche Felswüste wandern. Der Winter bedeckt die Risse in der Landschaft und bildet teils bizarre Formen. Der Schnee wird durch den Wind zu Dünen aufgehäuft. Abseits der Pisten wird die Höhenwanderung in der immer stiller werdenden Natur zu einem ganz besonderen Erlebnis. Die Strecke führt am Fuße des Hahnenköpfle zurück zur Kabinenbahn, mit der es wieder zurück ins Tal geht.

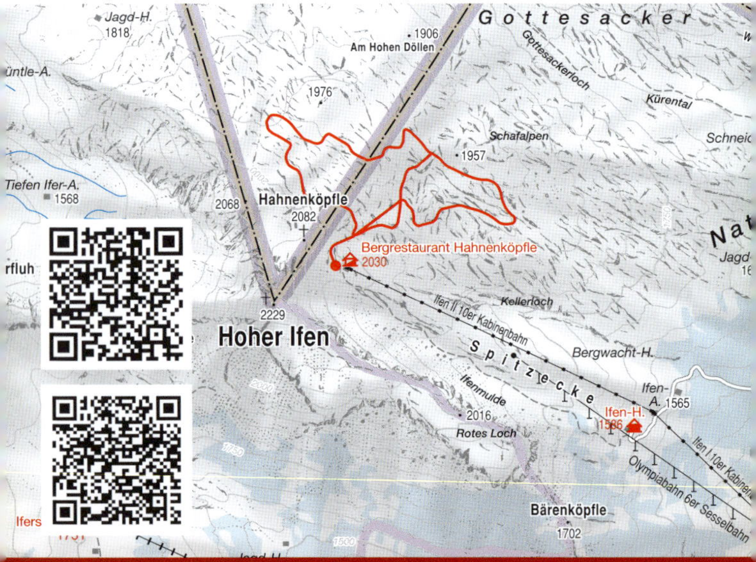

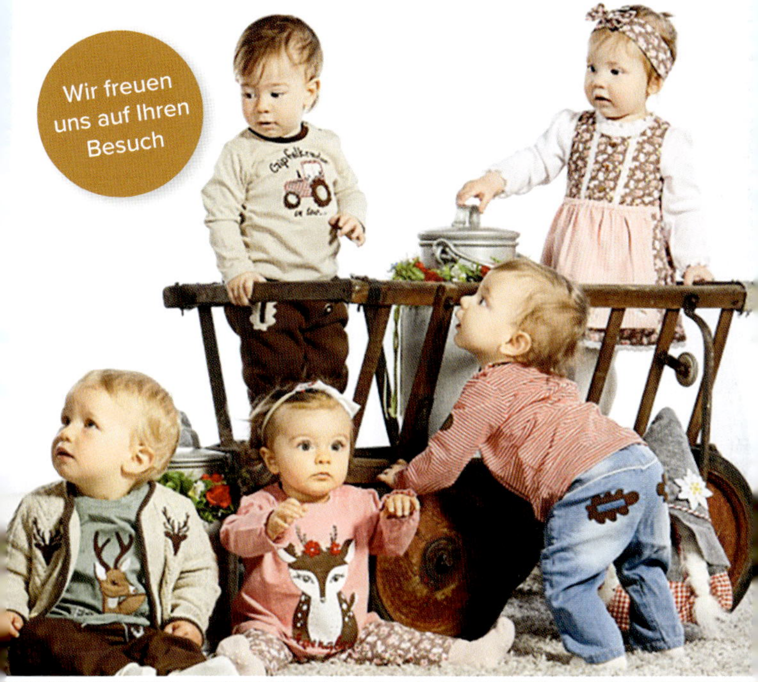

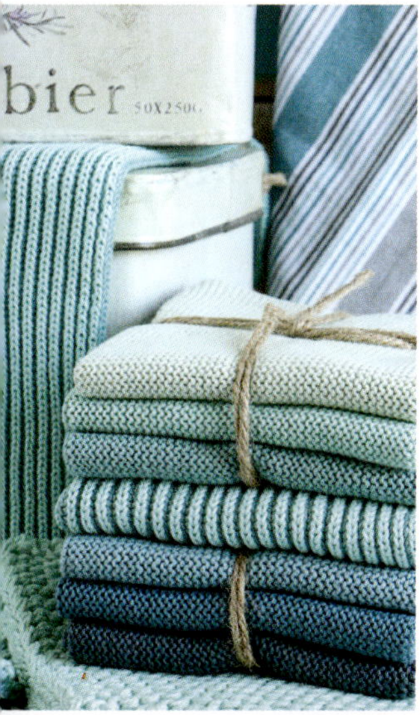

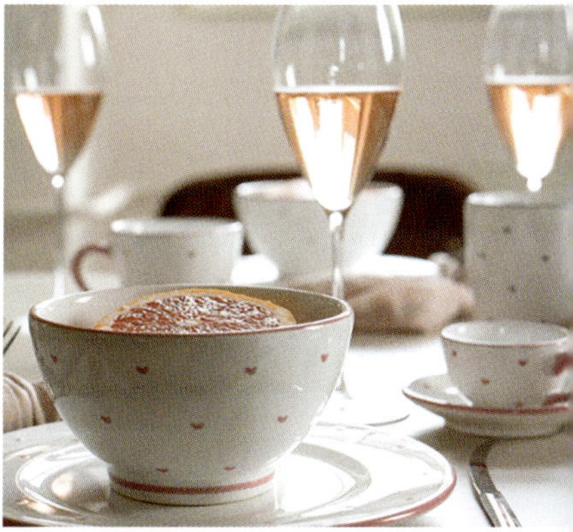

18

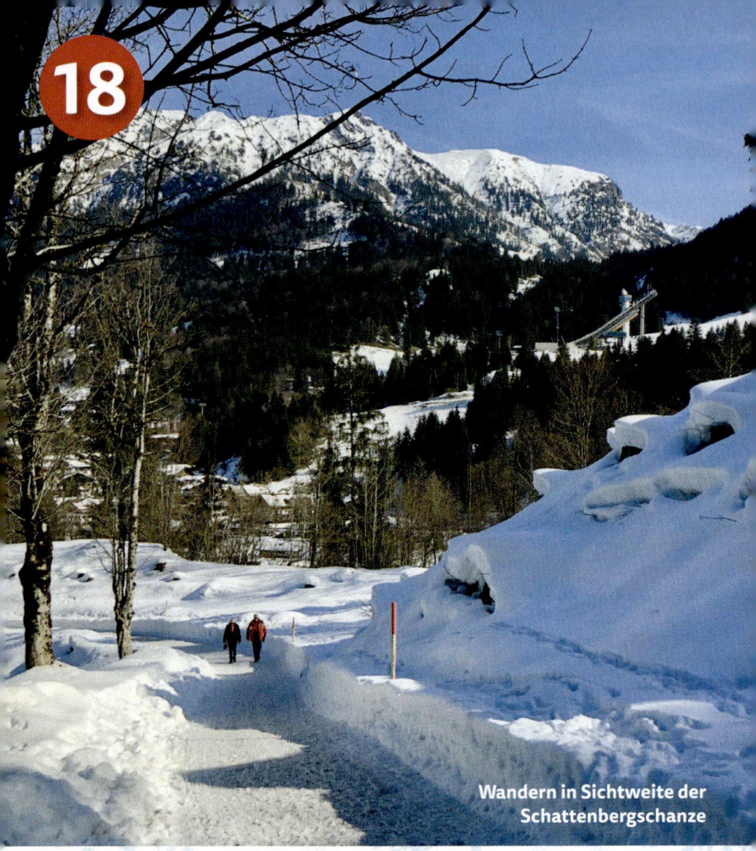

Wandern in Sichtweite der Schattenbergschanze

Hofmannsruh

Kleiner Aussichtshügel über Oberstdorf mit aussichtsreichen Ruhebänken.

Aussichtsreich ruhig

ca. 1 Std. | 2,61 km

60 m |  60 m

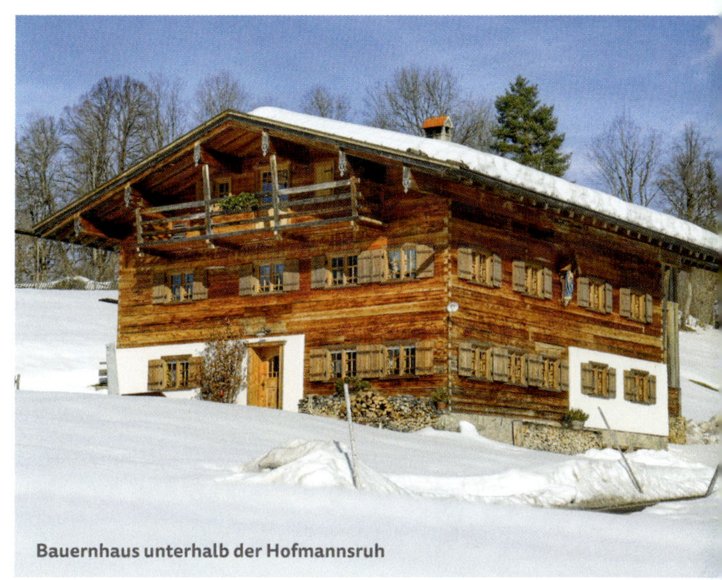
Bauernhaus unterhalb der Hofmannsruh

Auf dieser leichten Wanderung auf die Anhöhe bei Oberstdorf ist der Weg das Ziel. Der Genuss der Landschaft auf einer der zahlreichen Parkbänke steht im Vordergrund. Daher sollte man durchaus Zeit mitbringen, auch wenn die eigentliche Runde kurz anmutet.

Los geht es am südlichen Ortsende von Oberstdorf. Gegen Gebühr stehen Parkplätze an der Eissporthalle oder auch an der Obyele Halle zur Verfügung. Rechts der Trettach geht es auf einem wunderschönen Waldwanderweg nach Süden in Richtung Spielmannsau.

Tipp Gegenüber vom Parkplatz der Nebelhornbahn findet man den Oberstdorfer Käsladen. Hier gibt es hausgemachten Kuchen und Kaffee. Im selben Haus befindet sich auch die Lohnkutscherei Blattner, die Kutschfahrten in Richtung Oytal, Trettachtal und die Spielmannsau anbietet.

In einer kleinen Steigung zweigt rechts der Weg in Richtung Moorweiher und Hofmannsruh ab ❶. Der Wald lichtet sich und gibt den Blick in die Oberstdorfer Bergwelt frei. An einem schönen Bauernhaus geht es zunächst zum Moorschwimmbad ❷ und dann in einem Rechtsbogen in Richtung Aussichtshügel.

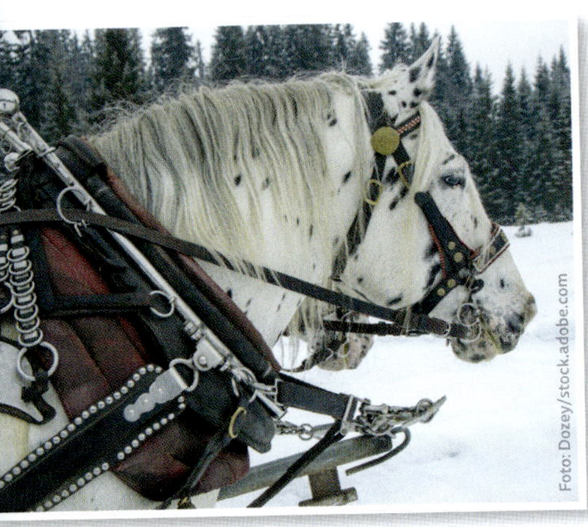

Foto: Dozey/stock.adobe.com

Immer den Schildern folgend, ist der Rundweg um die Hofmannsruh ❸ bald erreicht. In der Allee säumen zahlreiche Parkbänke und auch einige Liegebänke den Weg. In östlicher Richtung hat man einen wunderbaren Blick hinüber zur Schattenbergschanze. Am Ende des Rundwegs um die Hofmannsruh geht es in nördlicher Richtung zurück nach Oberstdorf.

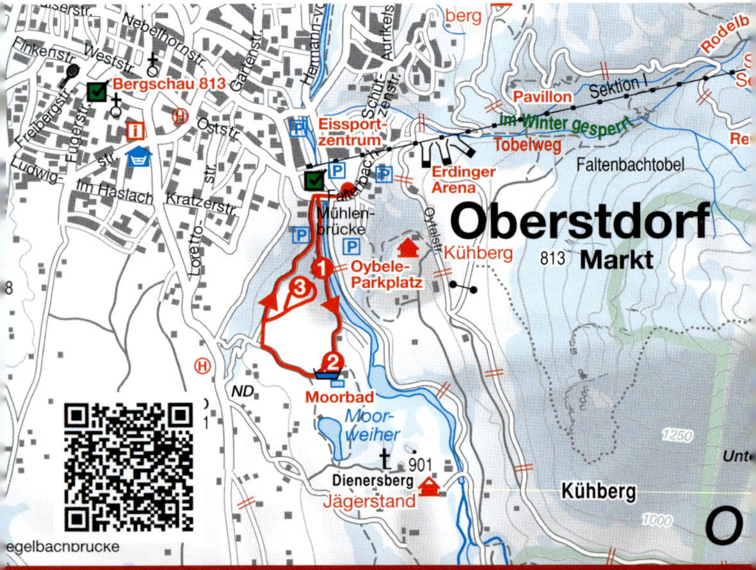

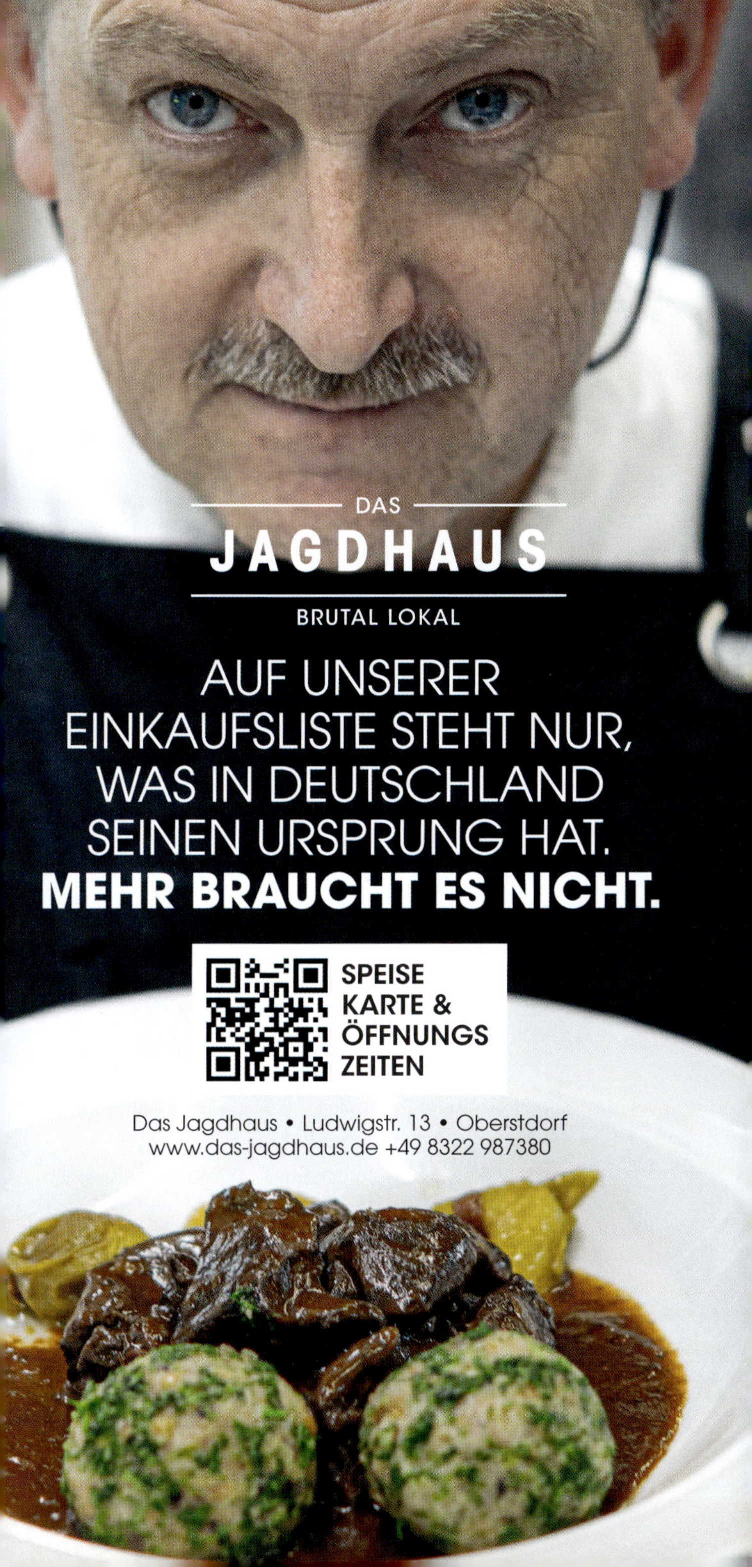

19

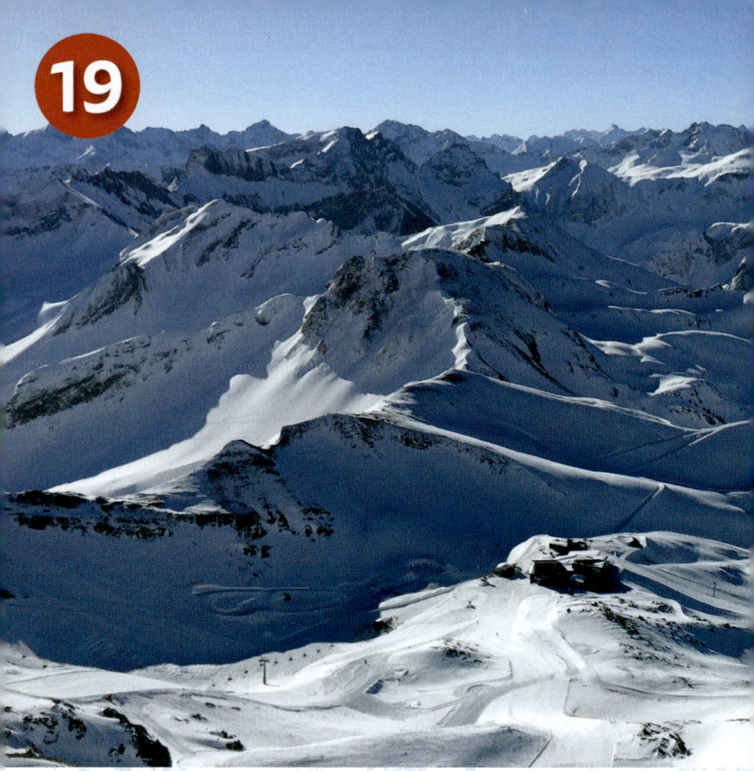

Nebelhorn

In Sichtweite des Skigebiets am Nebelhorn ermöglichen zwei gespurte Wanderwege einen sicheren und einzigartigen Blick auf das winterliche Hochgebirge.

 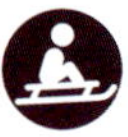

Höhenwinterwanderung und Rodelspass

15 Min. / 40 Min.  832 m / 1,5 km

10 m / 30 m  20 m / 30 m

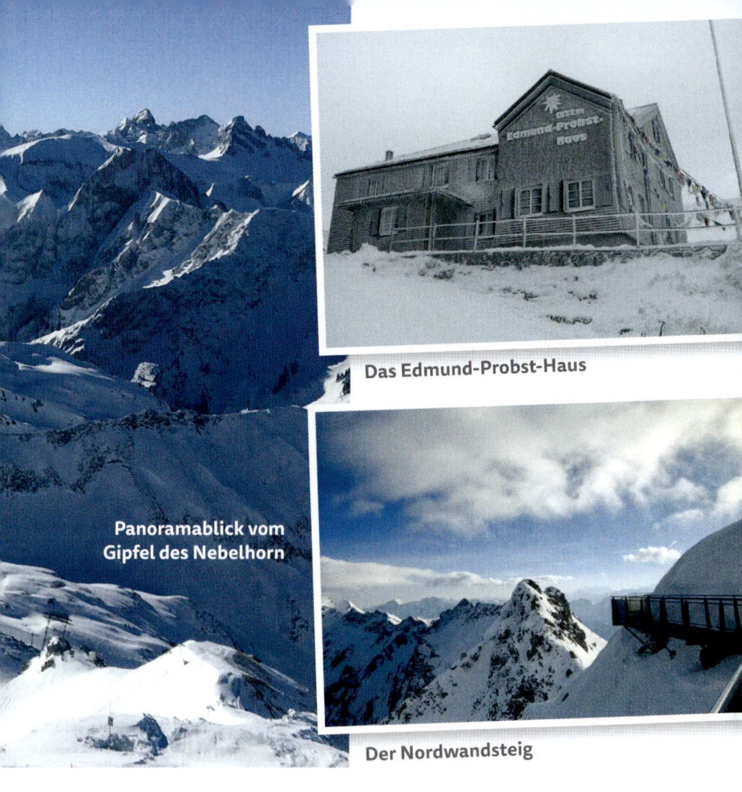

Das Edmund-Probst-Haus

Panoramablick vom Gipfel des Nebelhorn

Der Nordwandsteig

Von Oberstdorf aus geht es mit der Nebelhornbahn nach oben. An der Bergstation sind die beiden präparierten Höhenwanderwege ausgeschildert.

Der Weg vom Edmund-Probst-Haus ❶ zum Zeigersattel und zurück ist etwa 2 km lang. Zunächst geht es auf der durchweg gut befestigten und breiten Raupenspur ein paar Meter bergab. Es folgt ein langer Ziehweg hinauf zum Zeigersattel. Am Zeigersattel ❷, dem höchsten Punkt der Tour, hat man einen wunderschönen Blick auf die südlichen Gipfel mit der

Tipp Wer die Winterwanderwege am Nebelhorn besucht, sollte sich die Zeit nehmen, um mit der Gipfelbahn nach oben zu fahren. Dort kann man in schwindelerregender Höhe hoch über dem Retterschwanger Tal den eisernen Nordwandsteig ❺ begehen.

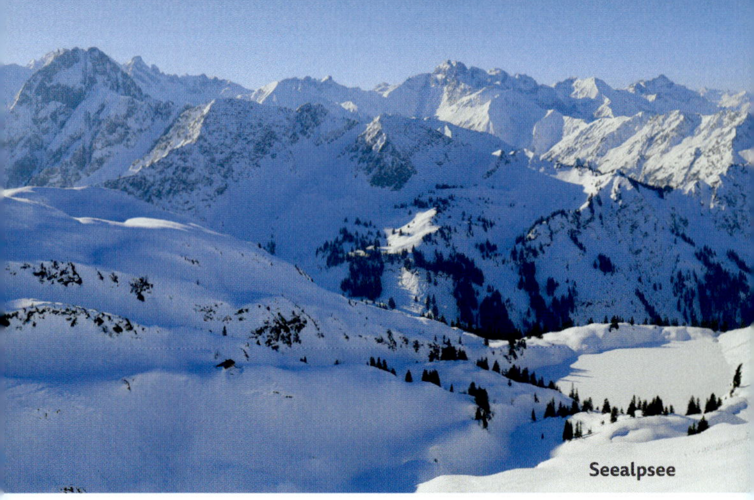

Seealpsee

alles überragenden Höfats, dem Großen Krottenkopf oder dem Biberkopf. Linker Hand grüßt unverkennbar der Hochvogel und unten in der Senke befindet sich der tief eingeschneite Seealpsee.

Zurück an der Bergstation gibt es einen weiteren Rundweg in direkter Nachbarschaft zum Skigebiet. Die Schleife ❸ ist ein paar hundert Meter kürzer als der Weg zum Zeigersattel, bietet aber einen nicht minder schönen Eindruck der Hochalpen.

Nach dem ausgiebigen Genuss auf der der Panoramaterrasse der Bergstation geht es zurück ins Tal. Ab der Mittelstation kann man mit dem Rodel 2,5 km ins Tal fahren. Leihrodel gibt es gegen Gebühr beim Berggasthof Seealpe ❹ in Sichtweite der Mittelstation.

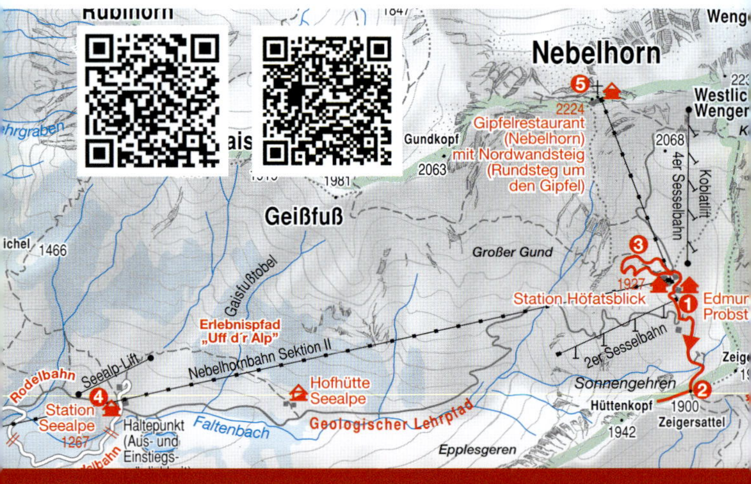

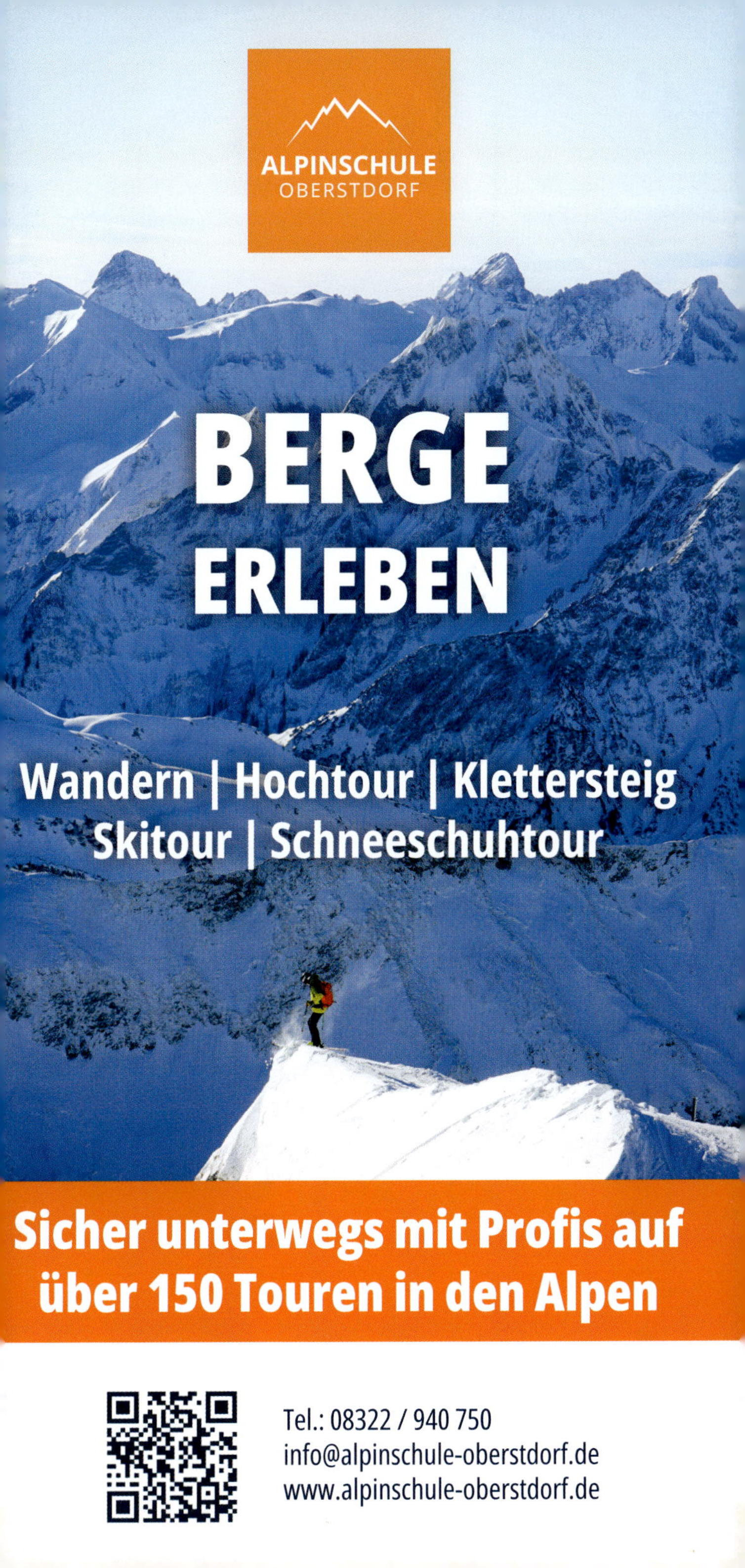

20

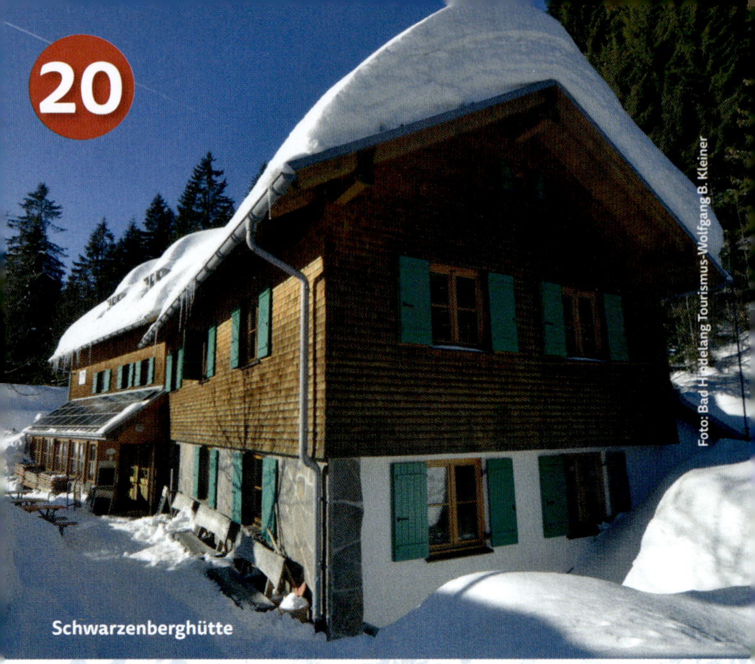

Foto: Bad Hindelang Tourismus-Wolfgang B. Kleiner

Schwarzenberghütte

Schwarzenberghütte

Rodelpartie mit Einkehrschwung vor dem Hochvogel.

Im Reich des Steinadlers

ca. 1 Std. ab Giebelhaus 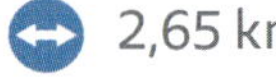 2,65 km

310 m  310 m

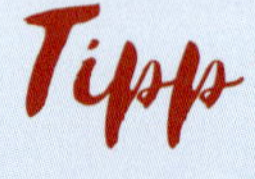

Rodel können gegen Gebühr an der Schwarzenberghütte ausgeliehen und am Giebelhaus wieder abgegeben werden.

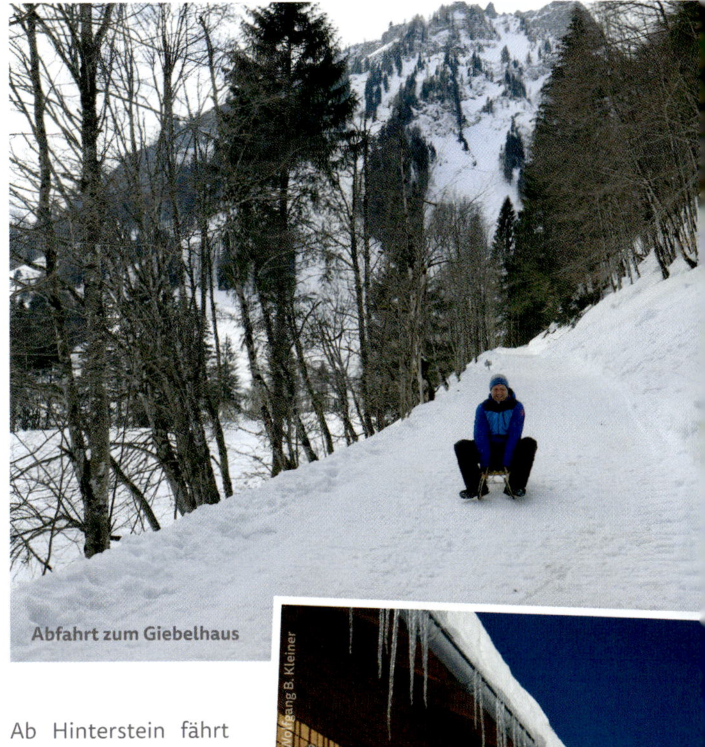
Abfahrt zum Giebelhaus

Foto: Bad Hindelang Tourismus-Wolfgang B. Kleiner

Ab Hinterstein fährt mehrmals am Tag ein Talbus bis in Richtung Giebelhaus ❶. Dort beginnt der Aufstieg zur idyllisch gelegenen Alpenvereinshütte, die auch im Winter bewirtschaftet ist. Vom Giebelhaus geht es unterhalb des hoch aufragenden Giebel auf einem Fahrweg in Richtung Schwarzenberghütte. Das Gebiet um den Giebel ist bekannt für seine Adler. Im Sommer können Interessierte an geführten Exkursionen zu geeigneten Beobachtungsposten teilnehmen.

Der präparierte Weg steigt zunächst nur mäßig steil an. Nach einem knappen Kilometer ist die Abzweigung zur Schwarzenberghütte ❷ erreicht. Nun nimmt die Steigung merklich zu. Es geht zunächst im Wald in einigen Kehren nach oben, bevor die Alpwiesen unterhalb der Hütte erreicht sind.

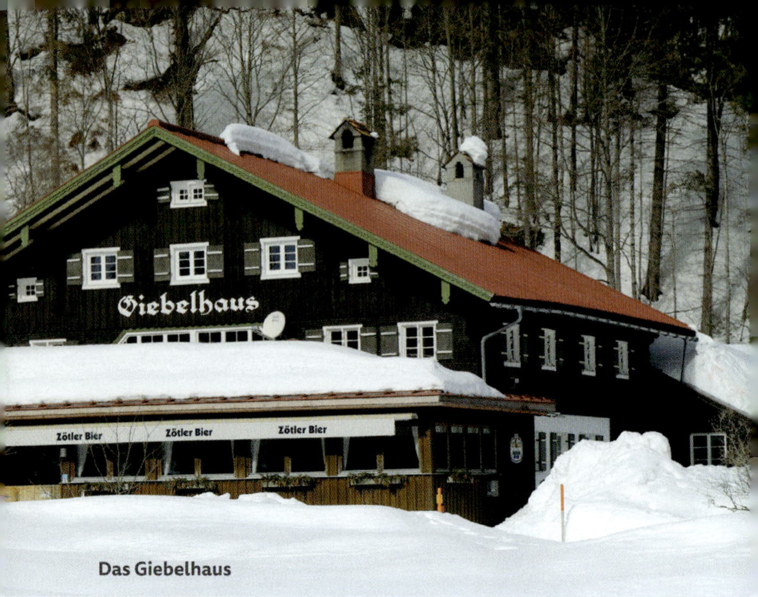

Das Giebelhaus

Nach einer guten Stunde ab dem Giebelhaus ist die Schwarzenberghütte erreicht. Gut gestärkt geht es mit dem Rodel zurück zum Giebelhaus und von dort entweder zu Fuß oder mit dem Talbus wieder zurück nach Hinterstein.

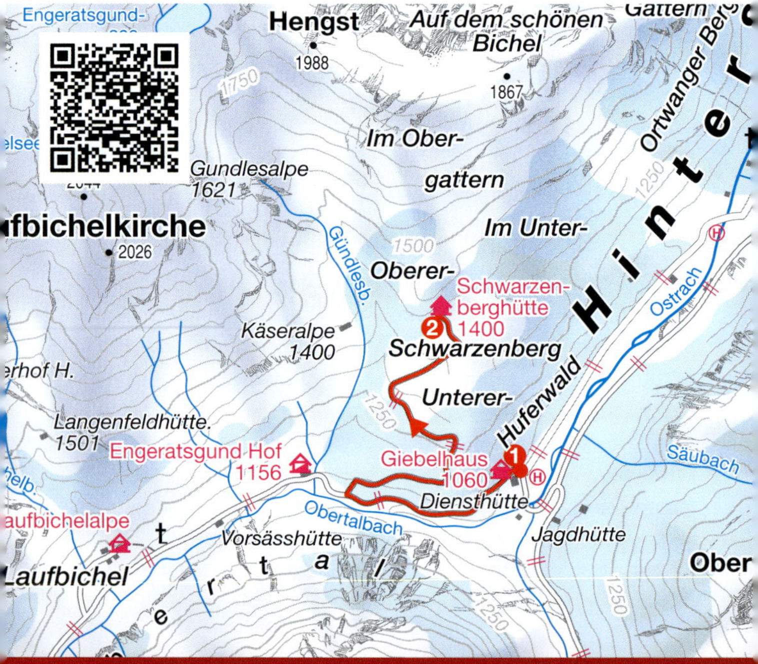

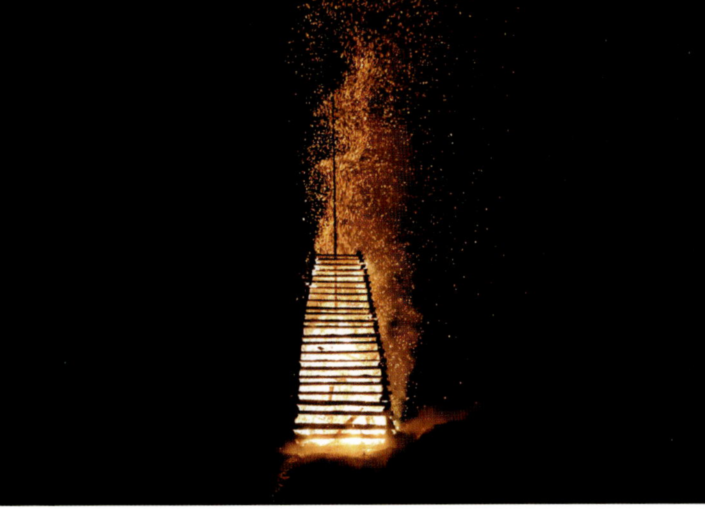

Funken

Brauchtum

Jedes Jahr, am ersten Sonntag nach Aschermittwoch, scheinen große Feuer von den Bergen des Allgäus ins Tal. Die Funkenfeuer. Der Brauch ist im schwäbisch-alemannischen Raum von Vorarlberg über Liechtenstein und die Schweiz, den Schwarzwald, Oberschwaben und auch im Tiroler Oberland und im Vinschgau verbreitet.

Wenn die Bergflanken des Allgäus im Feuerschein erleuchten, deuten die einen das als Huldigung der Sonnengötter, andere als Brauch zur Vertreibung des Winters. Es gibt auch Deutungen christlichen Ursprungs.

Die Stimmung beim Entzünden des Feuers ist etwas ganz Besonderes. Die Kraft, mit der es sich durch die viele Meter hohen Holztürme frisst und die nahe Umgebung nicht nur mit Licht, sondern auch mit Wärme füllt. Diesen Moment mit guten Freunden und lieben Menschen zu erleben, lohnt den Ausflug zu einem der vielen Funken.

Nahezu jede Gemeinde im südlichen Oberallgäu hat ihren eigenen Funken. Die meisten Funken werden gegen 19 Uhr entzündet. Mehr Informationen zu den Orten und den Terminen findet man auf den Webseiten der jeweiligen Gemeinden.

21

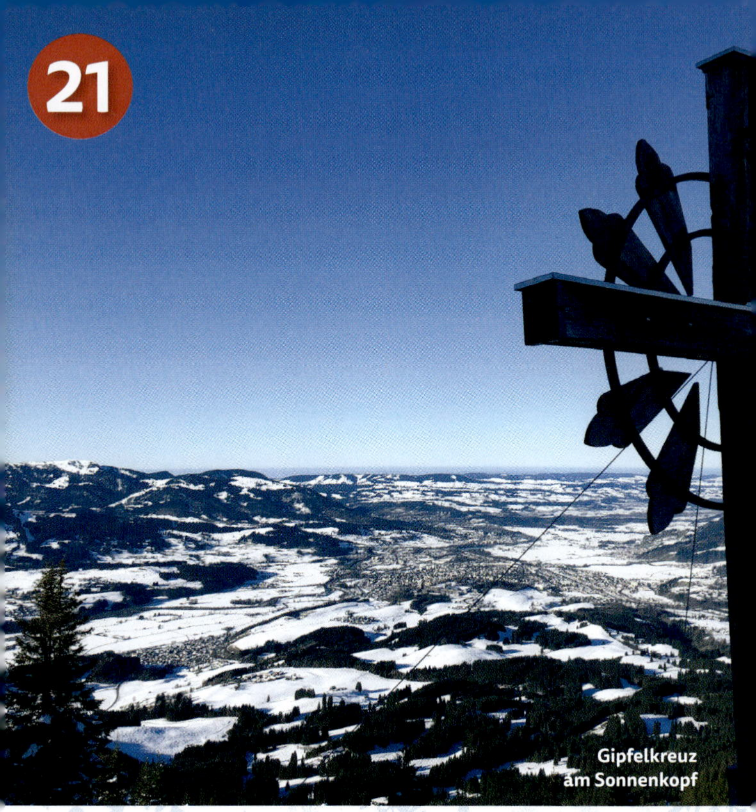

Gipfelkreuz am Sonnenkopf

Sonnenkopf

Der Sonnenkopf eignet sich im Winter bestens für eine Skitour, aber auch eine Schneeschuhwanderung.

Zwischen Illertal und Retterschwanger Tal

ca. 2,5 Std. (Aufstieg) 6,16 km

670 m 670 m

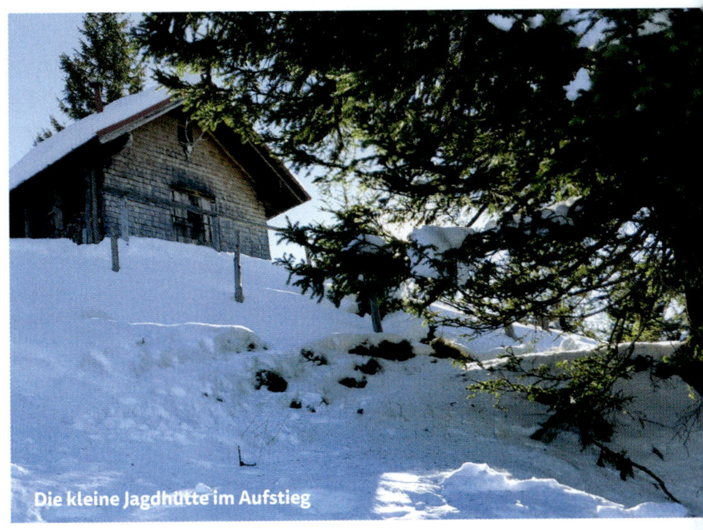

Die kleine Jagdhütte im Aufstieg

Auf der Nebenstrecke zwischen Sonthofen und Oberstdorf zweigt kurz nach Altstädten die Zufahrt zum Berggasthof Sonnenklause ab. Da direkt vor dem kleinen Hotel nur wenige Wanderparkplätze ❶ zur Verfügung stehen, nutzt man am besten den größeren Parkplatz ein paar hundert Meter unterhalb. Bei starkem Schneefall sind Schneeketten zur Auffahrt erforderlich.

Ab der Sonnenklause folgt man dem für den Verkehr gesperrten und im Winter nicht geräumten Fahrweg nach oben. Nach einigen Kehren öffnet sich der Wald und oberhalb einer kleinen Hütte ❷ ist nahezu der gesamte Aufstieg zum Sonnenkopf sichtbar.

Tipp Auf Höhe des Berghotels Sonnenklause beschreibt eine Hinweistafel des Deutschen Alpenvereins ❶ nochmal die Route auf den Sonnenkopf. Sie erinnert zudem an den notwendigen Respekt im Umgang mit der Natur und den in diesem Gebiet lebenden Tieren. Ohnehin sollten bei sämtlichen Skitouren Aufforstungs- und Wildschutzgebiete gemieden werden.

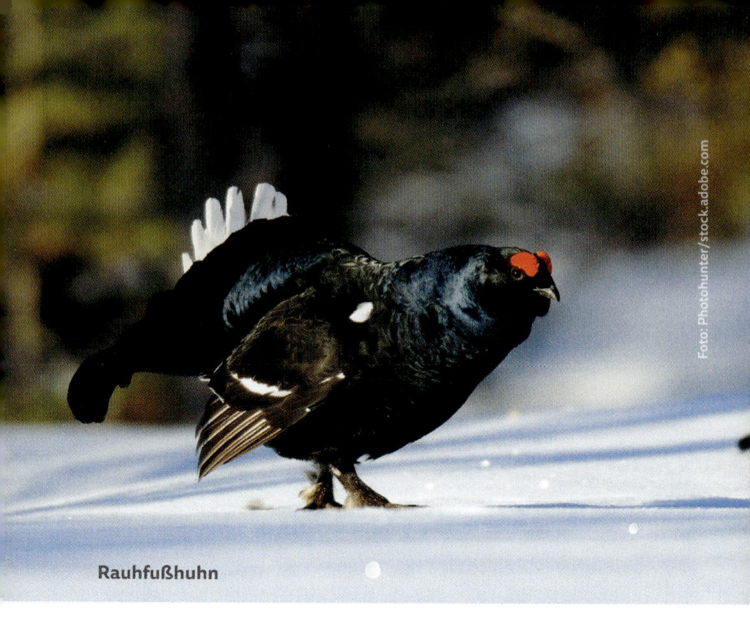

Rauhfußhuhn

Über der Hütte breitet sich der weite Hang unterhalb des Sonnenkopf-Rückens aus, der nur durch ein kurzes Waldstück unterbrochen wird. Über das freie Feld geht es nun etwa 260 Höhenmeter, teilweise steil, nach oben. Der ausgeschilderte Wanderweg führt einige Meter links ab der Hütte hinauf. Bei dünner Schneelage ist der Weg durch den Wald aufgrund der teils hohen Tritte und Spitzkehren aber nur für Schneeschuhwanderer empfehlenswert. Oberhalb des Waldstücks, nach etwa 120 Höhenmetern, treffen beide Routen wieder aufeinander ❸.

Am Ende des langen Hangs streift die Aufstiegsroute nochmals kurz ein Waldstück, das auf der rechten Seite umgangen werden kann. Es folgen ein paar knackige Kehren hinauf zu einer kleinen Jagdhütte ❹, bevor der finale Aufstieg zum Rücken des Sonnenkopfs ansteht.

Auf dem Rücken angekommen, rückt rechter Hand die letzte Rampe und das Gipfelkreuz des Sonnenkopfs in den Blick. Links unten breitet sich das Retterschwanger Tal aus. An einem Wegkreuz ❺ vorbei führt der restliche Aufstieg auf dem Rücken zum höchsten Punkt der Tour.

Breitenberg, Rotspitz, Daumen-Massiv und der Grat des Hindelanger Klettersteigs bilden ein ebenso imposantes Panorama wie der weiterführende Grat über Heidelbeerkopf und

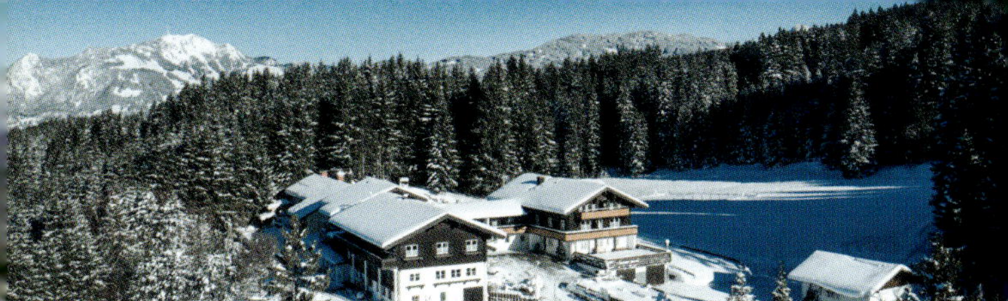

Winterzauber auf 1.100 m

GENUSSREICHE HÖHENFLÜGE MIT TRAUMHAFTEN AUSSICHTEN

Aktiver Genussurlaub im familiengeführten Berghotel Sonnenklause. Unvergessliche Schneeschuhwanderungen direkt im Naturschutzgebiet ums Hotel, sowie Skitouren zum Schwärmen. Erleben Sie echte Wintermomente im märchenhaft verschneiten Allgäu.

REGIONAL - AUCH IM WINTER

Unsere, über den Sommer liebevoll im eigenen Kräutergarten und der Umgebung geernteten und handverarbeiteten Naturprodukte, finden auch im Winter auf feinste Art den Weg auf Ihren Teller.

Lassen sie sich tagsüber von unserer kleinen, aber feinen Speisenauswahl an hausgemachten Allgäuer Schmankerln sowie hausgemachten Kuchen und hausgemachtem Eis überraschen.

- Montag und Dienstag von 11:30 Uhr bis 16:30 Uhr
- Mittwoch und Donnerstag Ruhetag
- Freitag, Samstag und Sonntag 11:30 Uhr bis 19:00 Uhr

Freitag bis Sonntag ab 17:30 Uhr verwöhnen wir Sie nach Voranmeldung gerne mit hausgemachten Allgäuer Spezialitäten und besten regionalen Produkten aus unserer Zusatzkarte.

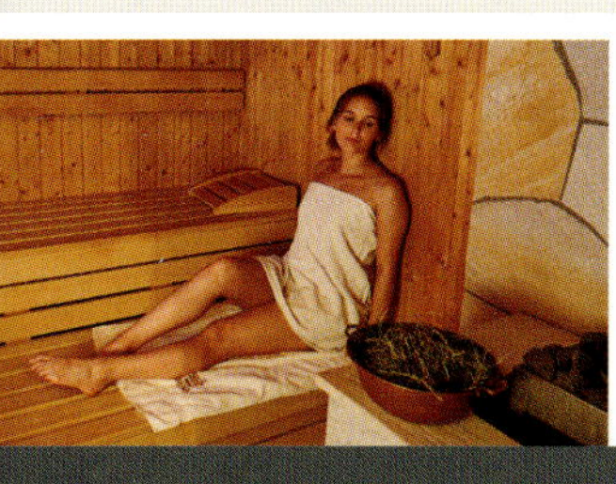

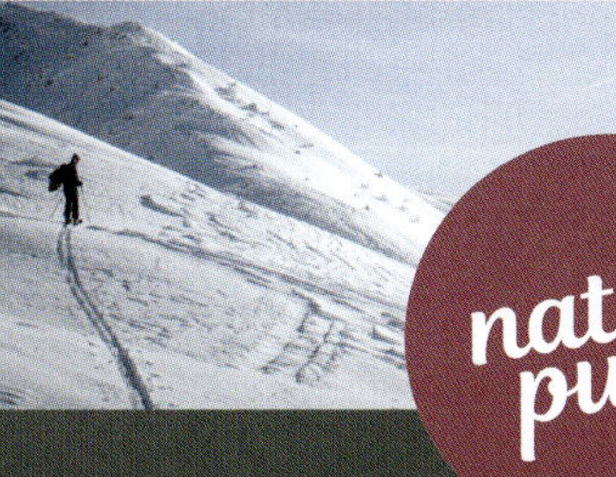

natur pur.

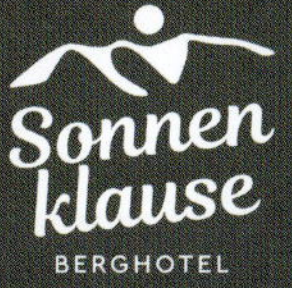

HOTEL SONNENKLAUSE
Hinang 48 | 87527 Sonthofen | Deutschland
T. +49 (0) 83 21-36 14
M. info@sonnenklause.de
SONNENKLAUSE.DE

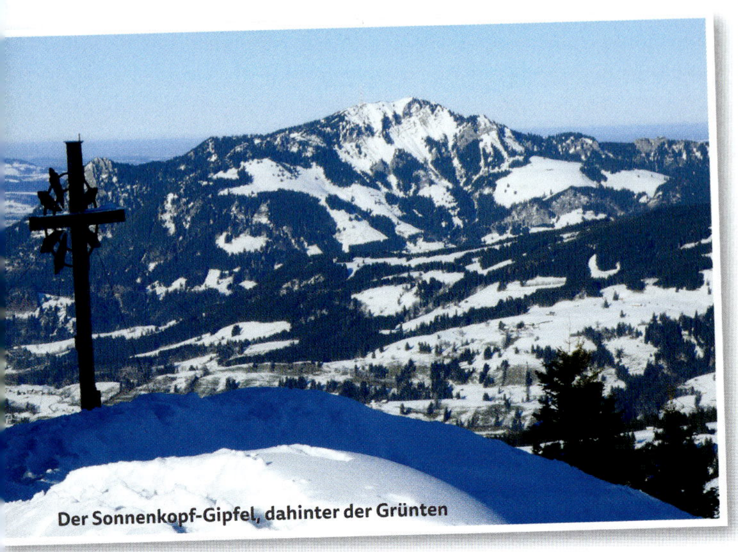
Der Sonnenkopf-Gipfel, dahinter der Grünten

Schnippenkopf hin zum Entschenkopf. Aber auch das Illertal mit dem Gottesackerplateau zur Linken, den „Hörnern" und dem Grünten zur Rechten komplettieren das wunderschöne Gipfelpanorama.

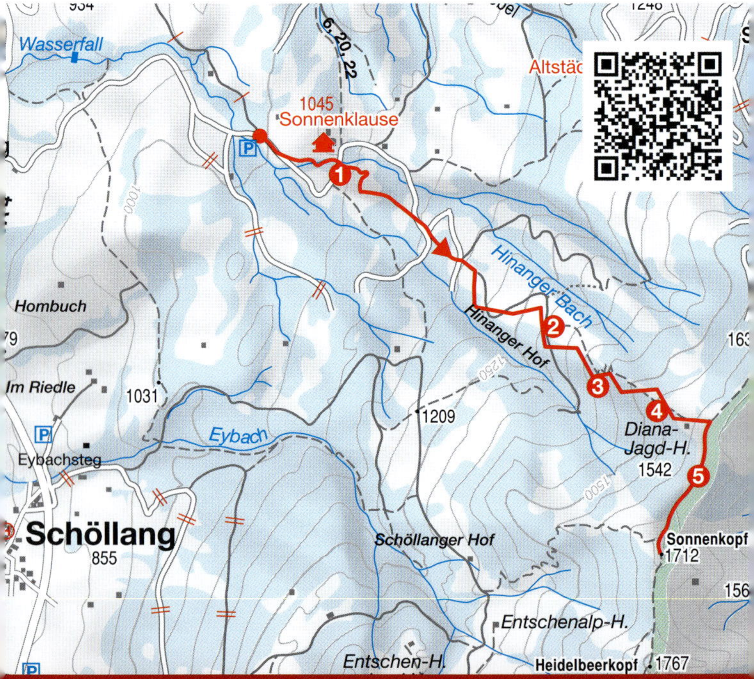

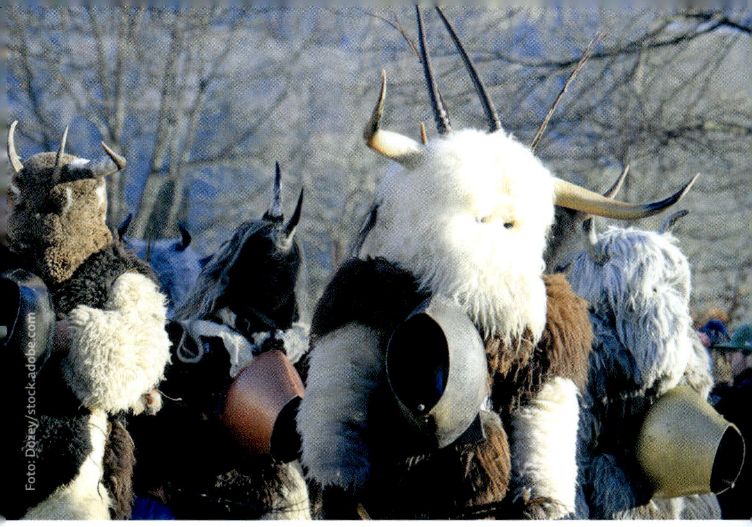
Foto: Dozey/stock.adobe.com

Klausentreiben

Brauchtum

Das Klausentreiben ist ein Brauch, der im alemannischen Alpenraum weit verbreitet ist. Am 5. und 6. Dezember ziehen die Klausen durch die Ortschaften. In Fell gekleidet und mit behörnten Masken, machen sie mit ihren Glocken Lärm und teilen mit ihren Weidenruten Hiebe aus. In Sonthofen zieht das Spektakel Jahr für Jahr hunderte Schaulustige in das Ortszentrum. Ein Tag vor dem Klausentreiben, am 4. Dezember, findet dort auch das traditionelle Bärbele-Treiben statt. Am Tag der heiligen Barbara verkleiden sich die unverheirateten Frauen und teilen wiederum ihrerseits Hiebe gegen die Männer aus.

Auf den kleineren Dörfern geht es meist ruhiger zu. Dort wird der Brauch oft auch in einer anderen Form gepflegt. So sind in Berghofen die Klausen nicht in Fell, sondern in Leinen gekleidet und ziehen dort im Laufschritt von Haus zu Haus.

Der Ursprung des Klausentreibens ist nicht eindeutig geklärt. Am häufigsten wird das Verscheuchen von Dämonen genannt. Mit ihrem furchterregenden Äußeren sollen die bösen Wintergeister vertrieben werden.

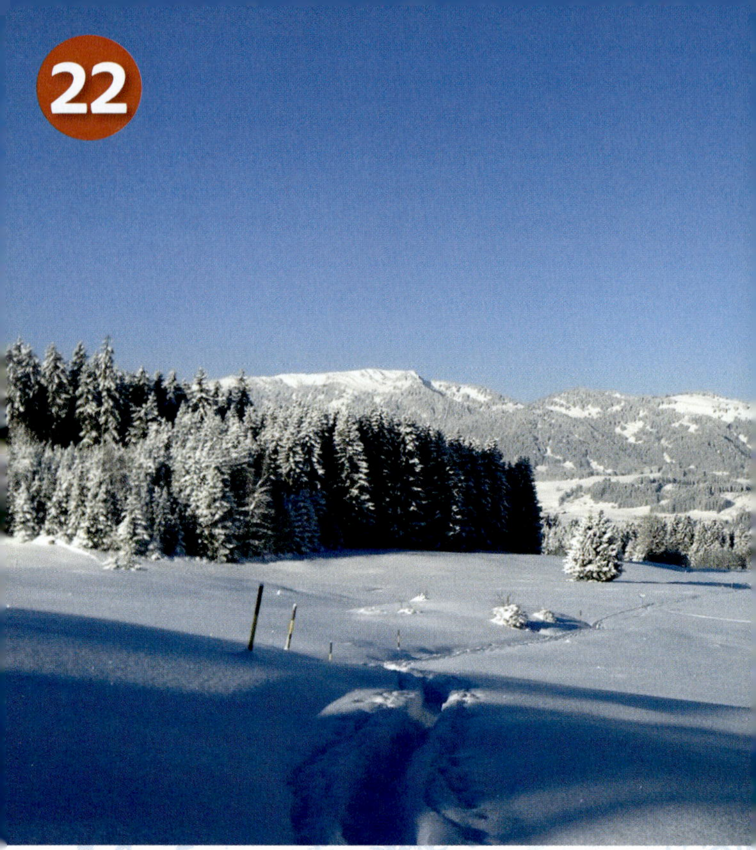

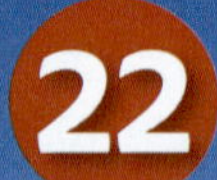

Sonthofer Hof

Zu jeder Jahreszeit ein beliebtes Ausflugsziel oberhalb von Sonthofen.

   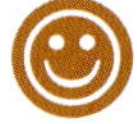

Auf der Sonnenterrasse des Illertals

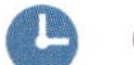 ca. 3 Std.

 10,8 km

 380 m

 380 m

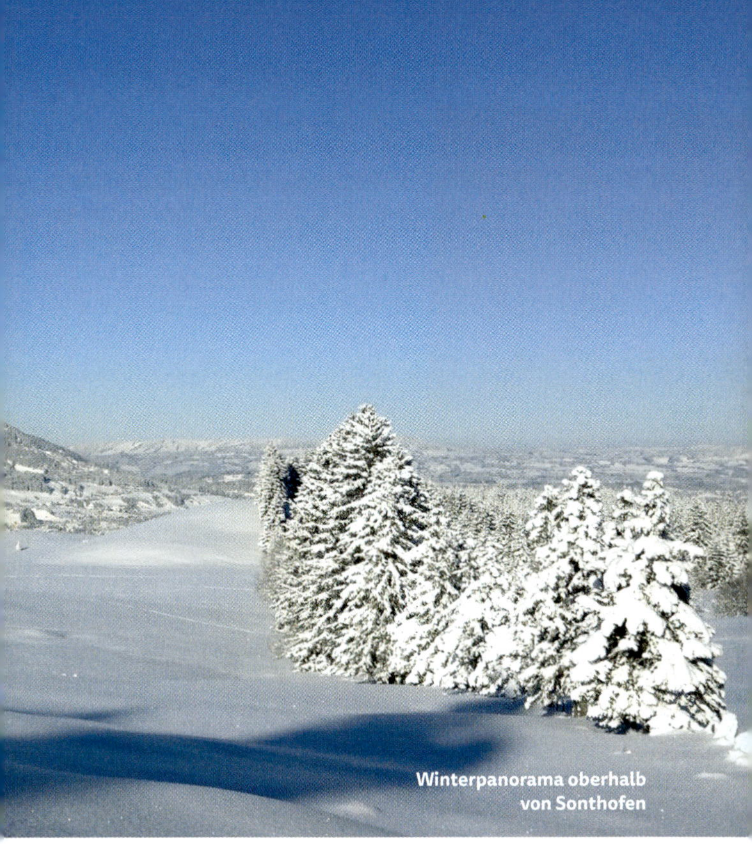
Winterpanorama oberhalb von Sonthofen

Diese Winterwanderung beginnt am Eisstadion in Sonthofen. Direkt am öffentlichen Parkplatz geht es in Richtung Kalvarienberg. Durch das kleine Naherholungsgebiet führen mehrere beschilderte Wege in Richtung Hofen, einem Ortsteil der Oberallgäuer Kreisstadt.

Kurz nach der Hofener Kapelle taucht der Weg wieder in den Wald ein ❶. Der breite Forstweg führt auf eine Hochebene, die einen herrlichen Blick auf die umliegende Bergwelt

Tipp In den Wintermonaten wird der Sonthofer Hof am Wochenende ehrenamtlich vom Skiclub Sonthofen bewirtschaftet. Die genauen Öffnungszeiten findet man unter *www.skiclub-sonthofen.de.*

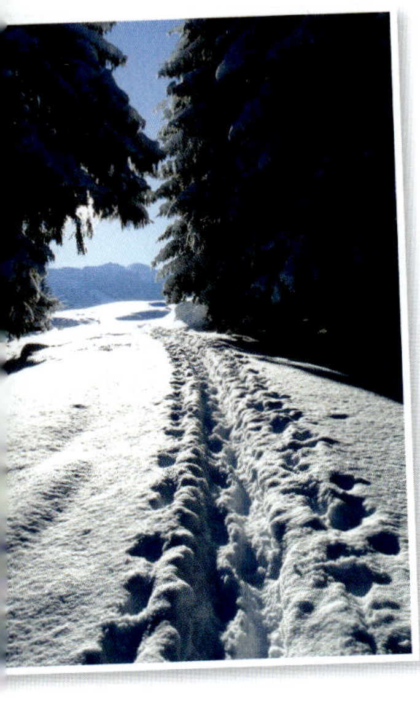

freigibt. Nahezu ebenerdig geht es zu einem kleinen Tobel, der zum Wirtschaftsweg zwischen Altstädten und dem Sonthofer Hof führt ❷.

Nach ein paar Kehren kommt der „Hof" in Sicht und ist nach knapp zwei Stunden Aufstieg schließlich erreicht. An schönen Wintertagen zieht es viele Einheimische auf den Sonthofer Hof, die die Sonne und das Bergpanorama genießen. Daher lohnt sich ein früher Aufstieg. Mit dem Rodel fällt der Abstieg deutlich leichter, wenngleich es auf der Hochebene und auch ab Hofen flach wird.

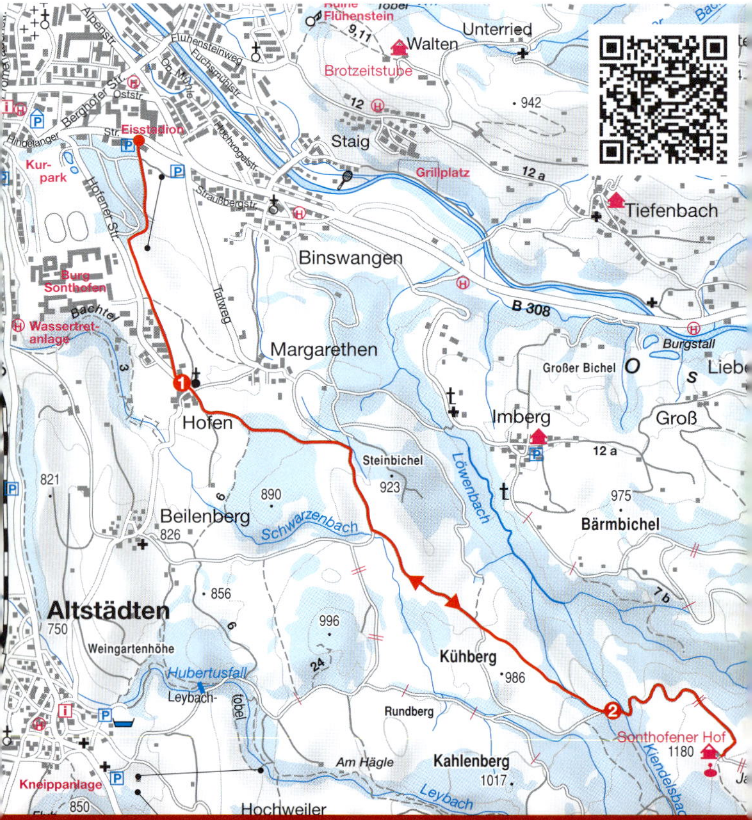

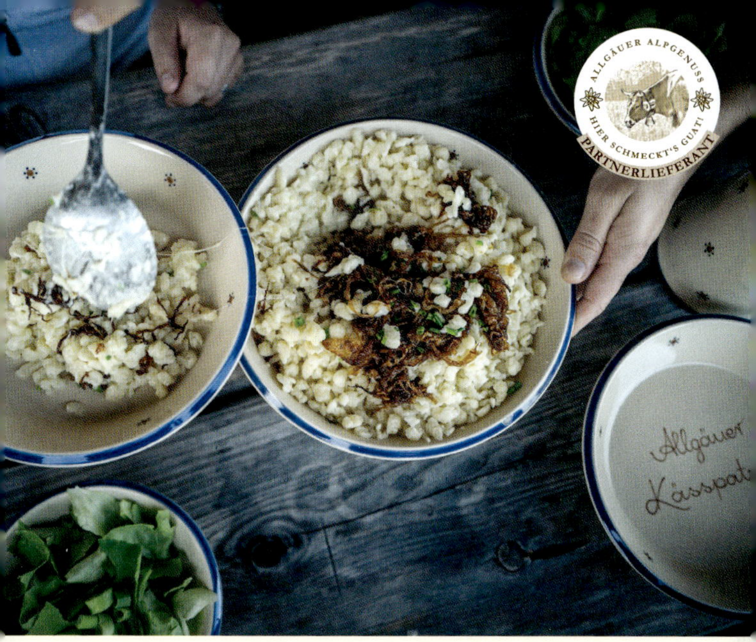

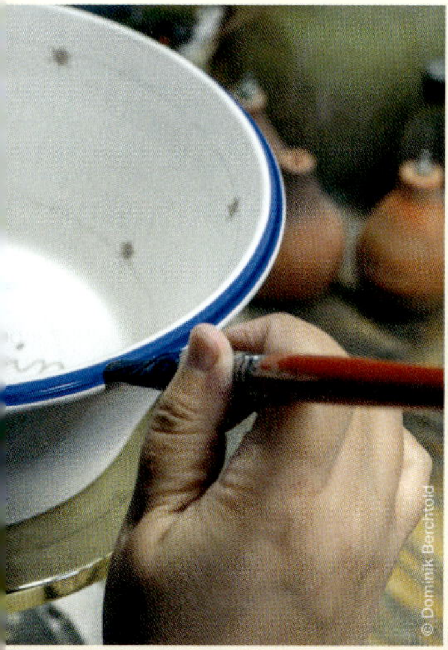

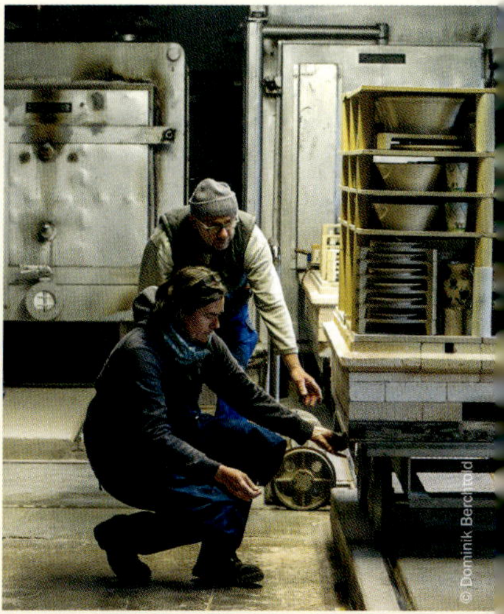

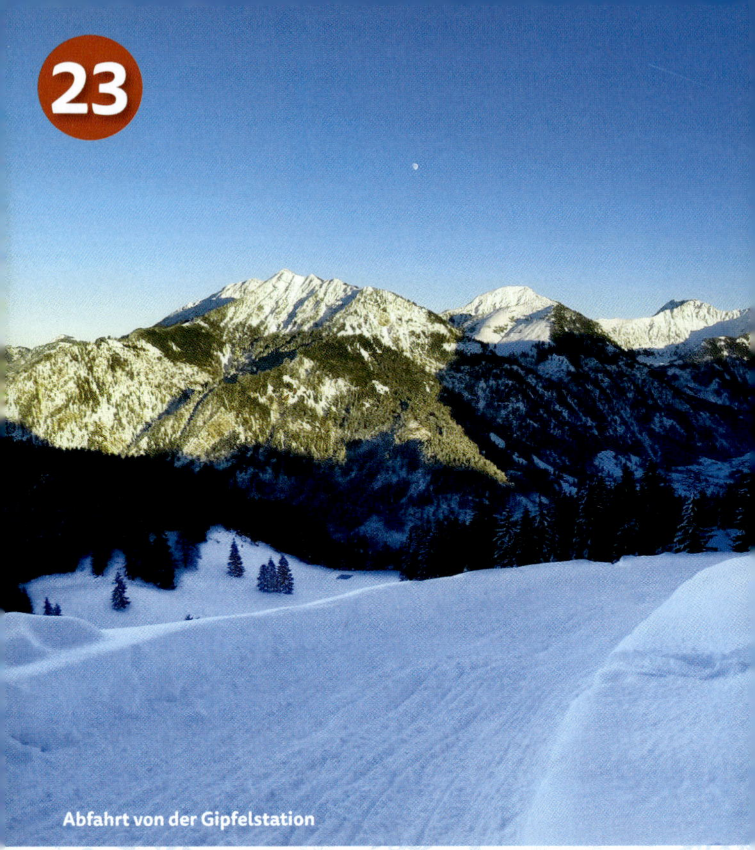

23

Abfahrt von der Gipfelstation

Hornbahn

Die Hornbahn bei Bad Hindelang steht im Winter ganz im Zeichen der Rodler.

DREIFACHER RODELSPASS BEI BAD HINDELANG

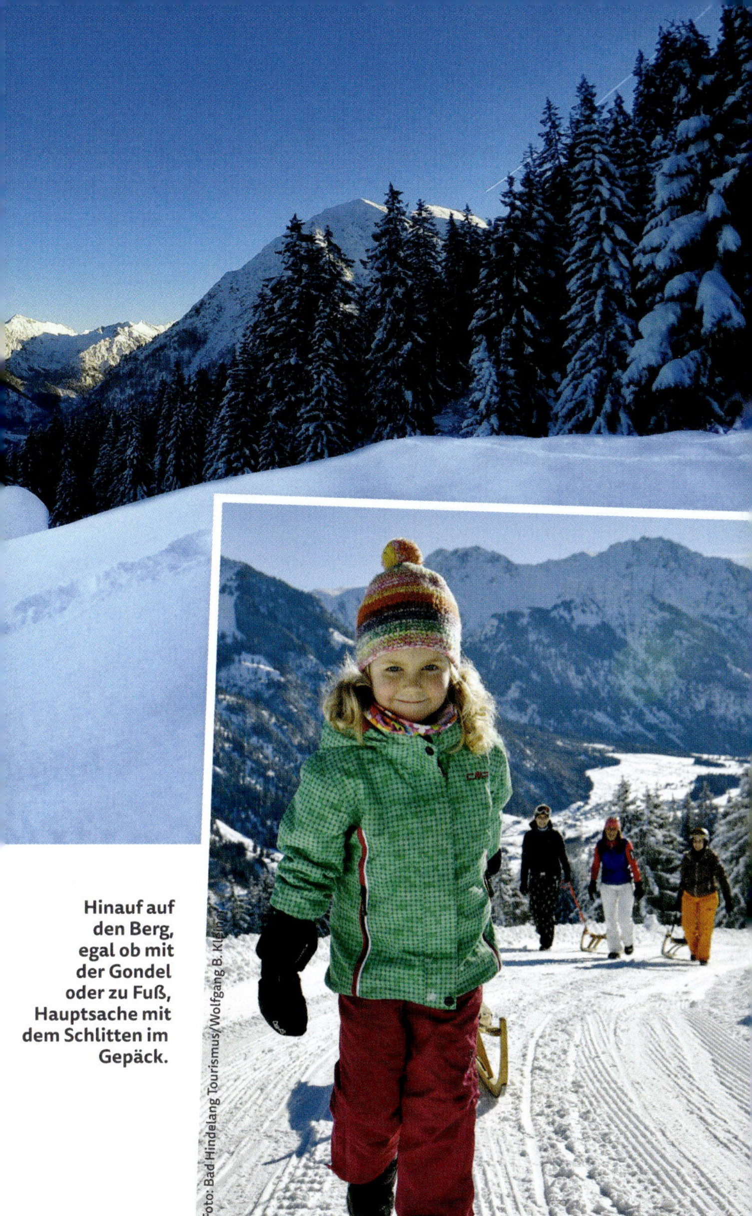

Foto: Bad Hindelang Tourismus/Wolfgang B. Kleiner

Hinauf auf den Berg, egal ob mit der Gondel oder zu Fuß, Hauptsache mit dem Schlitten im Gepäck.

Tipp An der Talstation stehen Leihrodel zur Verfügung. Informationen zu den Tarifen und den Betriebszeiten gibt es unter *www.hornbahn-hindelang.de.*

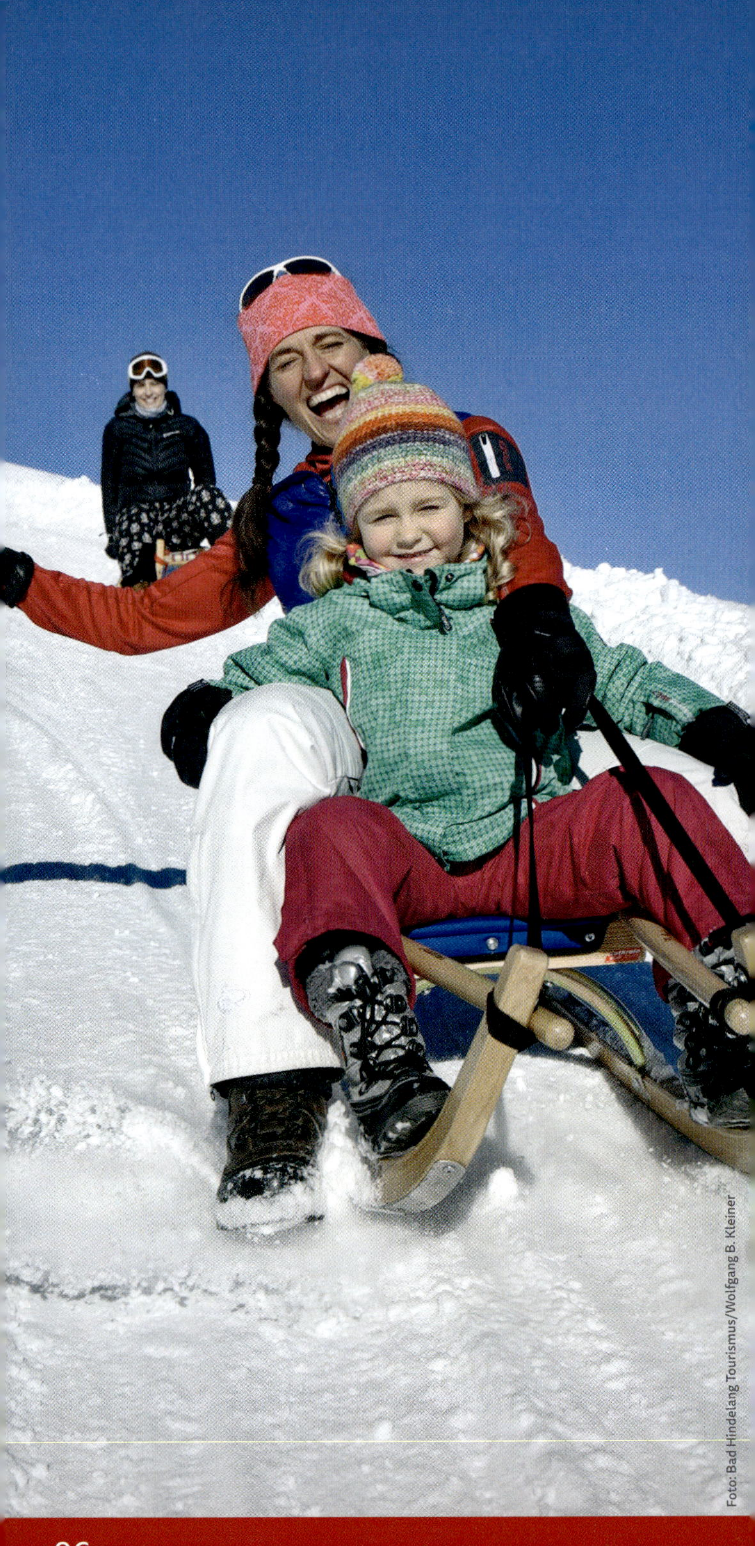

Foto: Bad Hindelang Tourismus/Wolfgang B. Kleiner

Auf dem Weg von Bad Hindelang in Richtung Hinterstein befindet sich die Hornbahn. Drei Naturrodelbahnen sorgen für abwechslungsreichen Rodelspaß. Je nach Witterung sind die verschieden steilen Bahnen unterschiedlich geöffnet. Eine Bahn ist mit einer Beschneiungsanlage ausgestattet. Somit besteht auch in niederschlagsarmen Wintern bei kühlen Temperaturen Schneesicherheit.

Die Kabinenbahn bringt die Rodler auf 1.300 m Höhe. Von dort aus geht es wahlweise auf einer der drei Bahnen 3,5 km ins Tal. Einkehrmöglichkeiten bestehen sowohl an der Bergstation, als auch an der Talstation der Bergbahn.

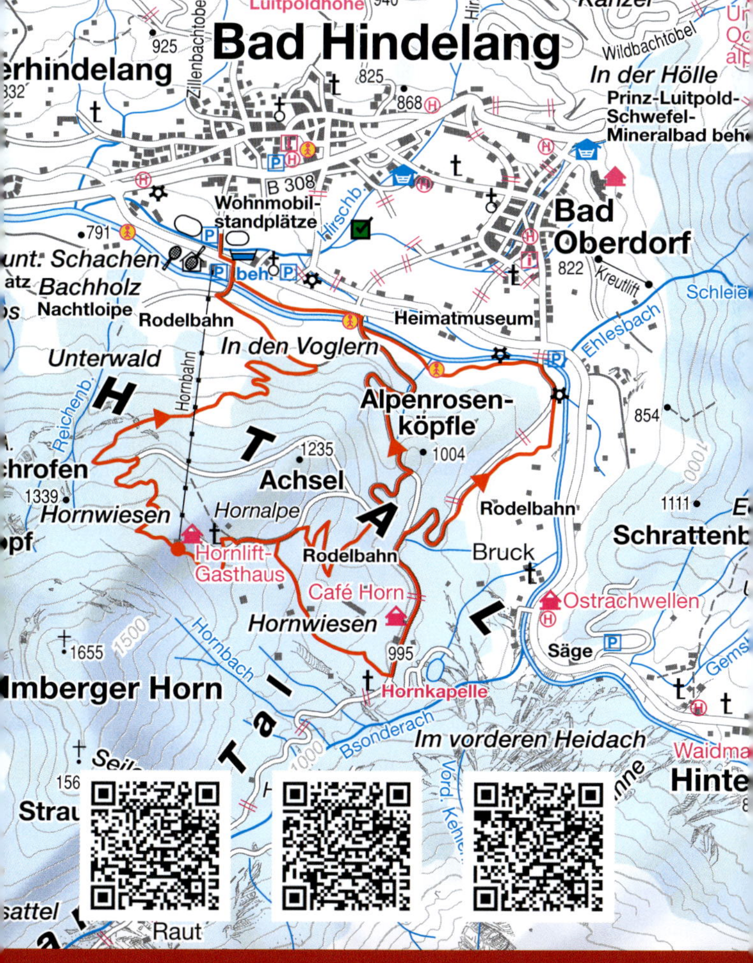

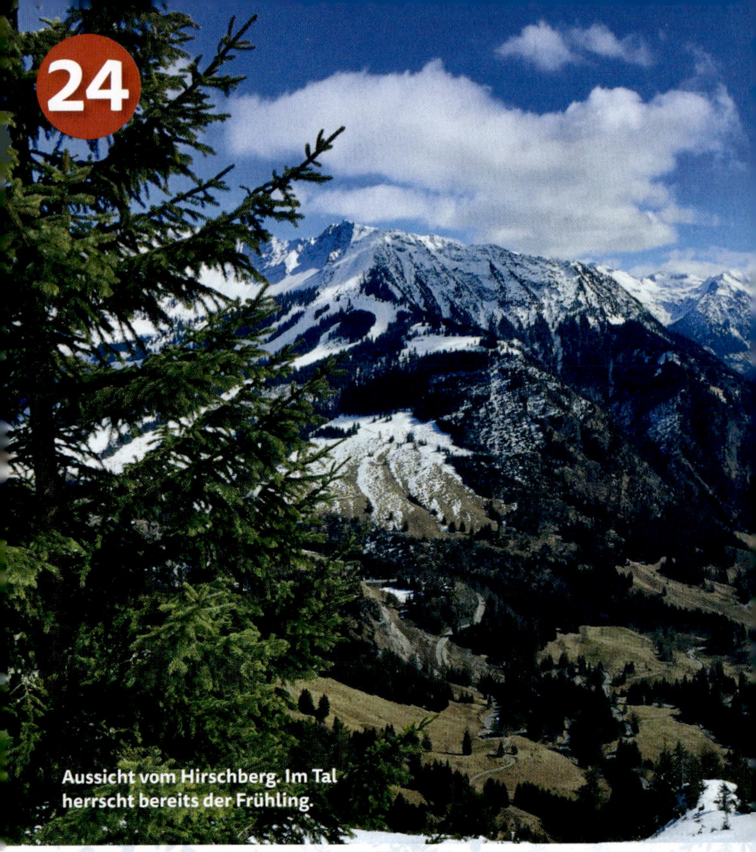

24

Aussicht vom Hirschberg. Im Tal herrscht bereits der Frühling.

Hirschalpe

Die Hirschalpe ist ein beliebtes Winterziel für Rodler und Schneeschuhgänger.

Hoch über Bad Hindelang

ca. 2 Std. (Hirschalpe)  3,3 km

 450 m  450 m

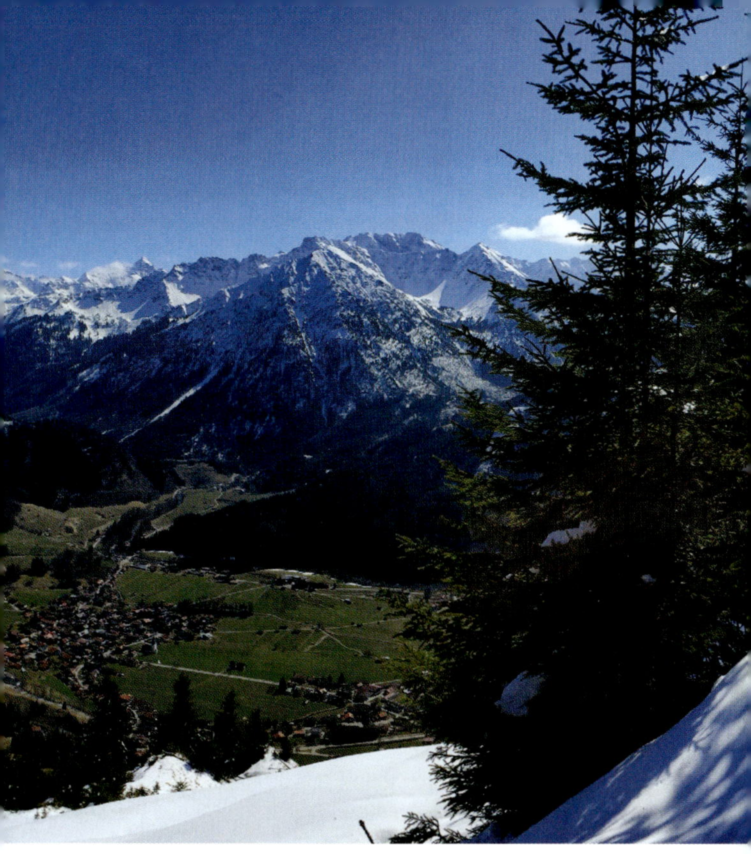

Die Wanderung auf die Hirschalpe beginnt auf halber Höhe der Jochpass-Straße, die Bad Hindelang mit Oberjoch verbindet. Der kleine Parkplatz der Hirschalpe bildet den Startpunkt. Von hier geht zunächst über freies Gelände mit einem wunderbaren Blick auf Bad Hindelang und das Ostrachtal nach oben.

Tipp Wer gerne mit Schneeschuhen aufsteigt, kann im Anschluss an die Hirschalpe noch den Hirschberg ❷ mit einem traumhaften Tiefblick auf Bad Hindelang „mitnehmen". Der Weg zum Gipfel führt einige Meter unterhalb der Hirschalpe durch eine Senke und anschließend wieder nach oben.

Mit zunehmender Dauer der Tour werden die Serpentinen des unter dem Schnee liegenden Fahrwegs steiler. Mal durch den Wald, dann wieder über eine Lichtung, gewinnt man schnell an Höhe. In immer enger werdenden Kurven schlängelt sich der Weg nach oben. Nach einer knappen Stunde ist die Abzweigung zur Krähenwand erreicht ❶. Linker Hand würde man auf den nur im Sommer geöffneten Zustieg über den Hirschbachtobel treffen.

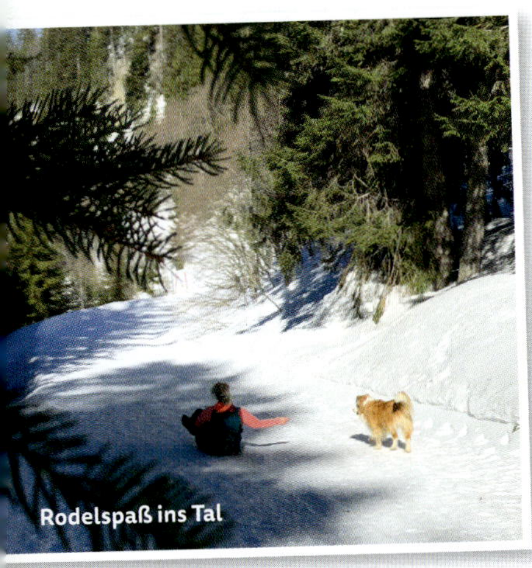
Rodelspaß ins Tal

Rechter Hand geht es noch knapp 200 Höhenmeter bergauf, bevor das Ziel, die Hirschalpe, erreicht ist. Die Alpe hat in den Wintermonaten am Wochenende geöffnet. Nach einer ausgiebigen Rast geht es zu Fuß oder mit dem mitgebrachten Rodel gut 400 Höhenmeter zurück zum Ausgangspunkt.

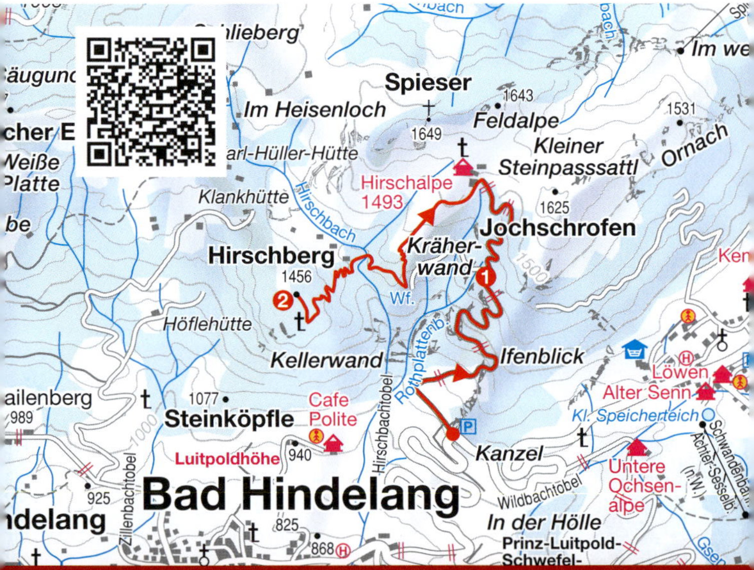

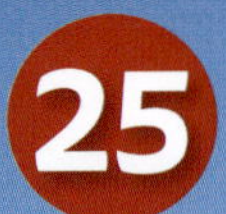

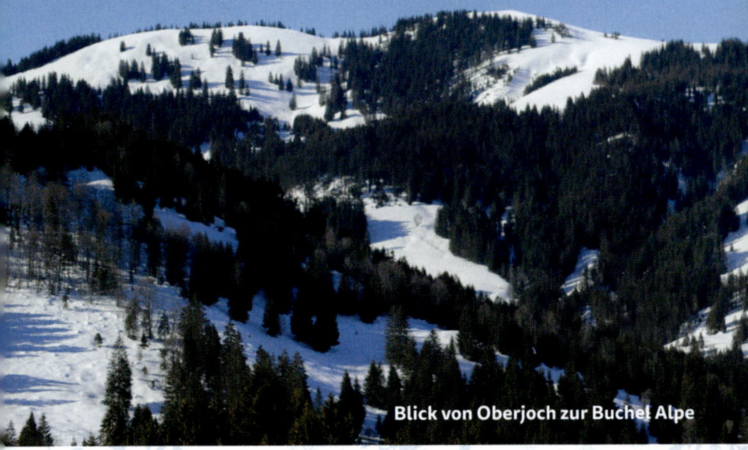
Blick von Oberjoch zur Buchel Alpe

Buchel Alpe

Selbstgebackenes aus dem Hüttenholzherd.

Leckere Rodelpartie bei Unterjoch

 ca. 1,5 Std.

 4,1 km

 200 m

 200 m

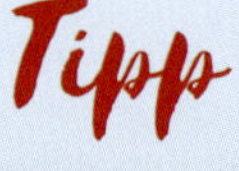

Der Hefezopf auf der Buchel Alpe kommt aus dem Hüttenholzherd und schmeckt besonders gut. Die Öffnungszeiten gibt es unter *www.buchelalpe.de.*

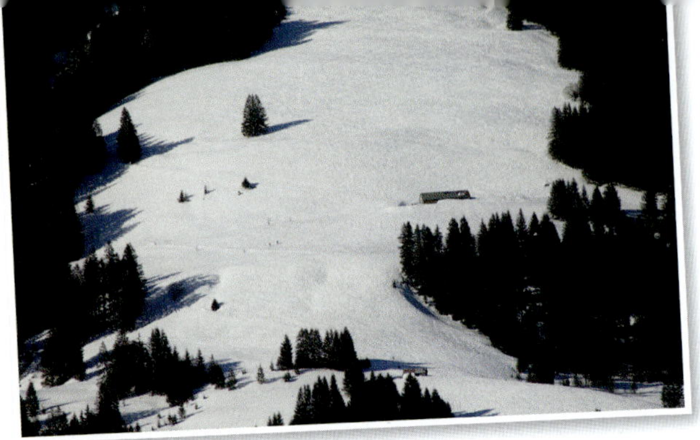

Los geht es an der Verbindungsstraße zwischen Unterjoch und Oberjoch. Am Parkplatz Obergschwend beginnt der etwa eine Stunde lange Aufstieg zur Buchel Alpe. Die ersten Höhenmeter geht es durch den Bergwald nach oben. Zunächst in weiten, dann enger werdenden Serpentinen zieht sich der Fahrweg hinauf.

Nach einer halben Stunde wird es für ein paar Meter flacher und der Weg führt auf eine große freie Fläche. Ein erster Blick in die Tannheimer Berge entschädigt für die bisherige Mühe. Oberhalb des Wegs kommt bereits das Ziel in Sicht. Zahlreiche Spuren von Tourenskigehern zeugen von dem beliebten Aufstieg zum Wertacher Hörnle, einige Höhenmeter über der Buchel Alpe.

Der Rodel muss noch ein paar Meter gezogen werden, bevor das Einkehrziel erreicht ist. Beim Anblick der umliegenden Bergwelt lässt man es sich gut gehen, bevor es auf dem Rodel rasant zurück ins Tal geht.

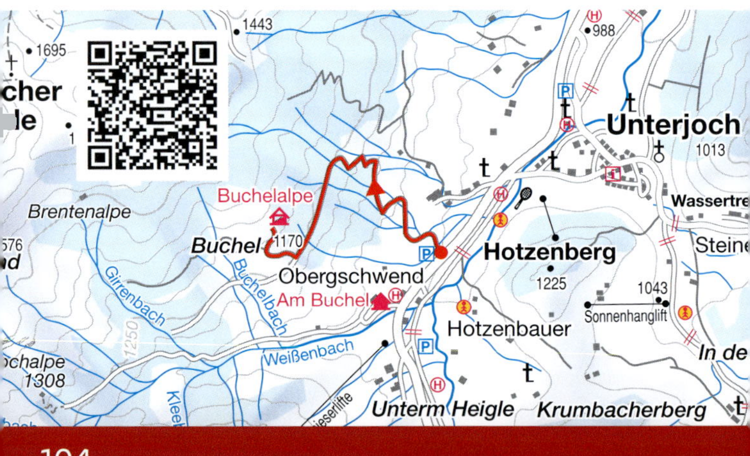

26

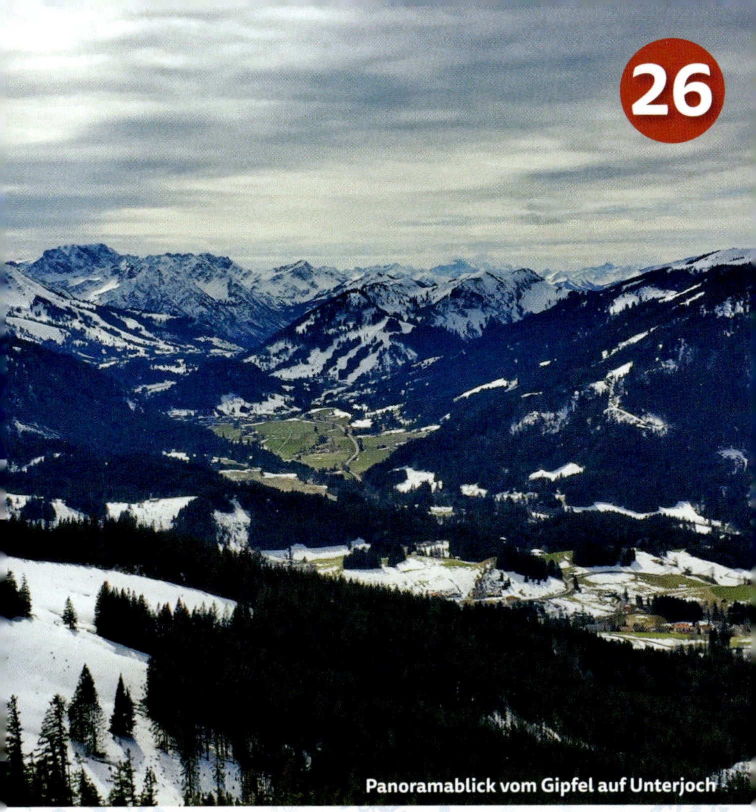

Panoramablick vom Gipfel auf Unterjoch

Reuterwanne

Die Skitour auf die Reuterwanne zwischen Wertach und Nesselwang ist bei Schneeschuh- und Tourenskigehern sehr beliebt.

Beliebte Tour über dem Grüntensee

ca. 2 Std. (Aufstieg)  ca. 9 km

560 m  560 m

Fast den gesamten Winter über ist der Parkplatz zwischen Wertach und Jungholz Treffpunkt für Skitourengeher. Direkt bei der Bushaltestelle an der Bundesstraße 110 geht es auf dem gegenüberliegenden Fahrweg in Richtung Alpenhof Reuterwanne ❶. Die Mautstraße steigt bis auf Höhe des Berggasthofs nicht sonderlich steil an.

Hinter dem Alpenhof geht es flach in einem Rechtsbogen über freies Gelände. Vorbei an der Alpe Untere Reuterwanne ❷ beginnt der eigentliche Aufstieg zum 1.542 m hochgelegenen Gipfel. Auf einem Kilometer sind 200 Höhenmeter bis zur Oberen Alpe Reuterwanne ❸ zu bewältigen. Dann wird es nochmal flacher, bevor es die letzten 100 Höhenmeter hinauf zum Gipfelkreuz geht.

Die Reuterwanne gehört nicht zu den höchsten Skibergen, zählt aber aufgrund ihrer exponierten Lage zu einem der aussichtsreichsten. Über den Grüntensee hinweg sieht man weit ins Unterland. Nach Süden öffnet sich der Blick über Jungholz und Unterjoch in die Tannheimer Berge. Zudem bieten die süd- bis südwestseitig ausgerichteten Hänge ein perfektes Abfahrtvergnügen.

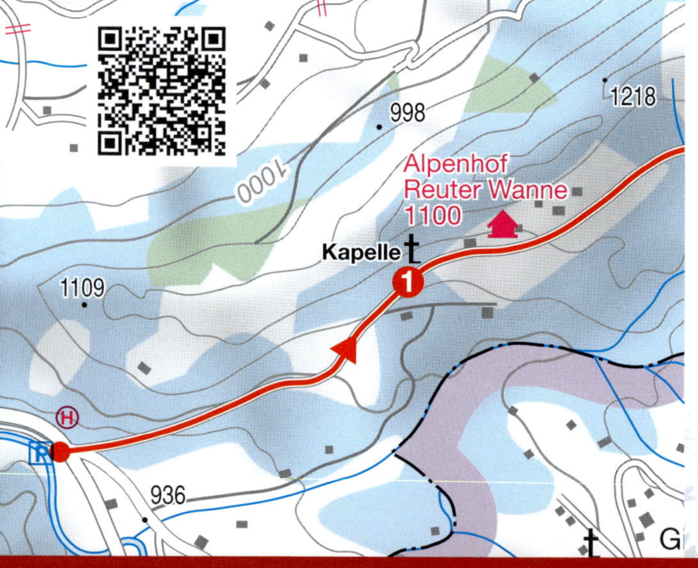

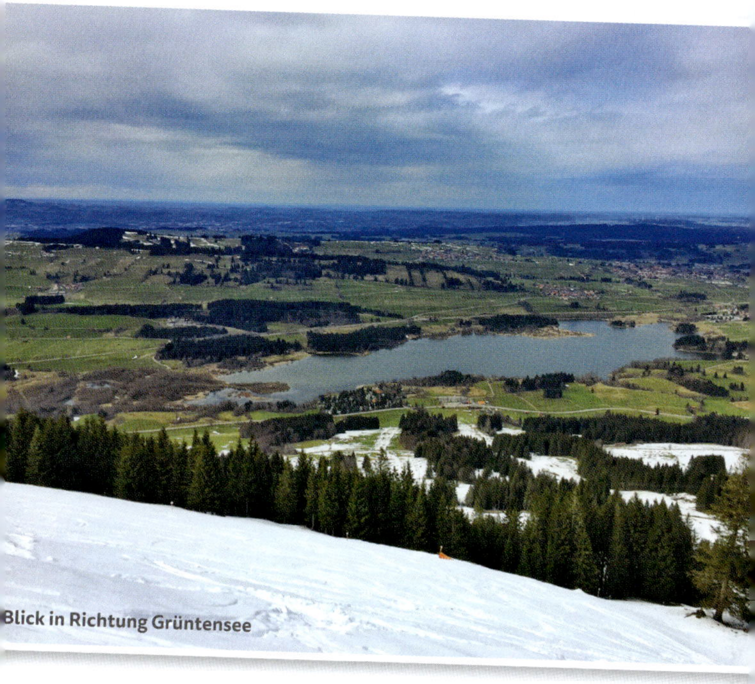

Blick in Richtung Grüntensee

Tipp Zur Einkehr bietet sich am Ende der Tour der Alpenhof Reuterwanne an.

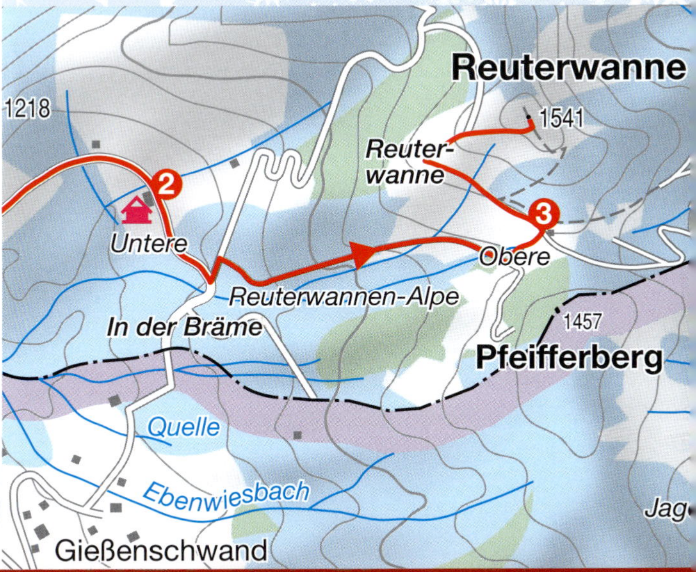

Reuterwanne
1218
1541
Reuter-
wanne
2
3
Untere
Obere
Reuterwannen-Alpe
In der Bräme
1457
Pfeifferberg
Quelle
Ebenwiesbach
Jag
Gießenschwand

27

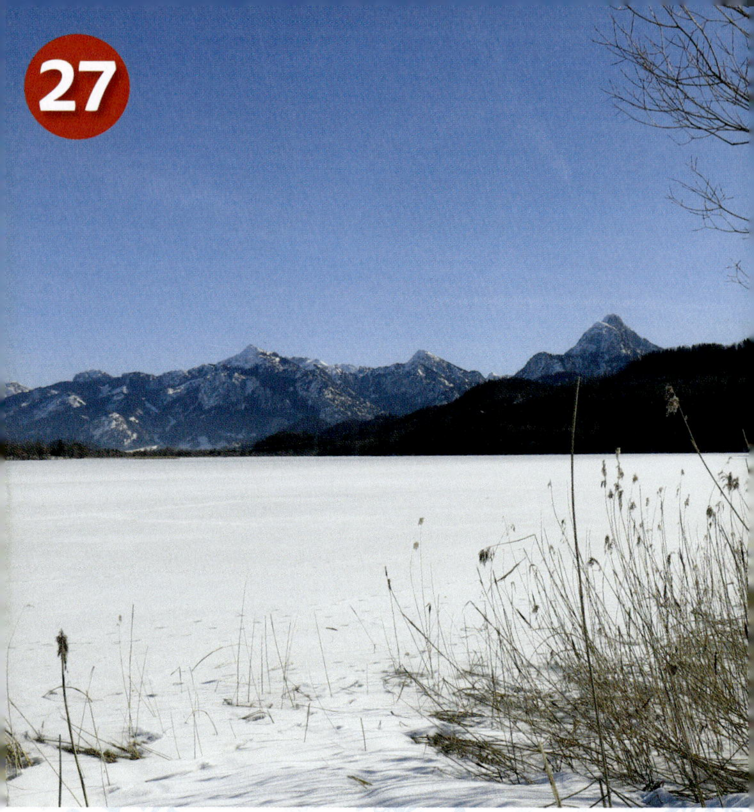

Weissensee

Still liegt der zugefrorene Weissensee vor den Toren Füssens, in Sichtweite der Ostallgäuer und Ammergauer Alpen.

Die Ostallgäuer Bergwelt im Blick

 1 Std. 45 Min.

 6,22 km

 60 m

 60 m

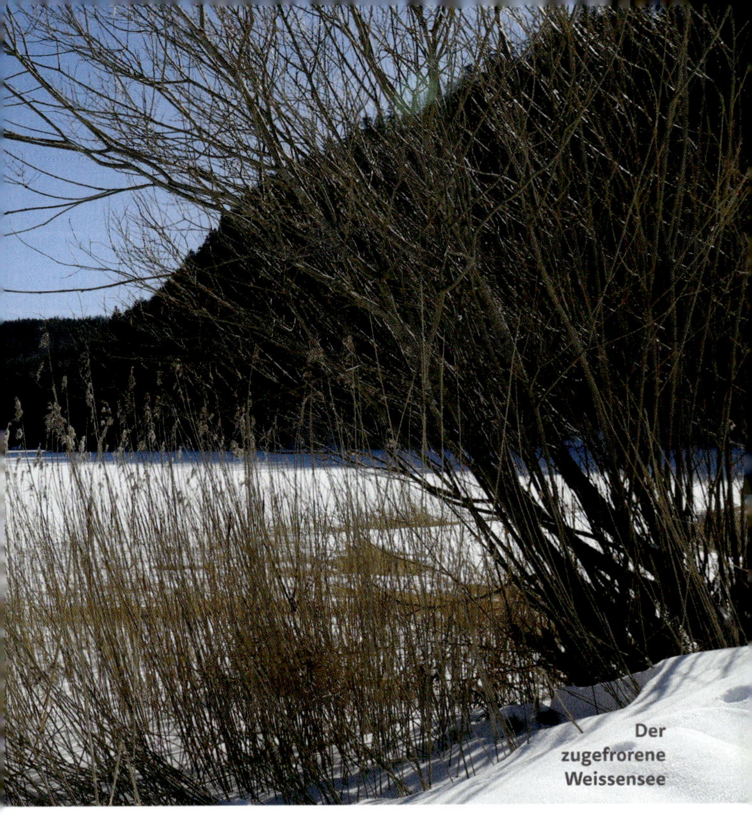
Der zugefrorene Weissensee

Der Weissensee wird im 12. Jahrhundert erstmals urkundlich erwähnt. Ob er seinen Namen durch Kalkablagerungen und das damit verbundene weiße Erscheinungsbild bekommen hat, oder ob der hier niedergelassene Alemanne Wizo dafür verantwortlich ist, kann nicht eindeutig geklärt werden. Im Winter hat er seinen Namen allemal verdient.

Parkplätze stehen, von Pfronten kommend, an der B310 kurz vor Oberkirch ❶ bereit. Direkt an der Straße beginnt der leichte Abstieg hinunter zum See. Alternativ gibt es ein paar hundert Meter weiter einen ausgeschilderten Parkplatz am Strandbad.

Der Weissensee hat eine Länge von 2,4 km und ist durchschnittlich 600 m breit. Die Wanderung um den See verläuft nahezu ebenerdig. Für die gut 6 km sollten etwa 2 Stunden eingeplant werden.

Der winterliche See liegt ruhig und friedlich vor den Toren von Füssen. Es empfiehlt sich, die Seerunde im Uhrzeigersinn zu gehen. Somit wandert man auf den breit präparierten Wegen den Ostallgäuer Bergen entgegen.

Säuling und Tegelberg immer im Blick, geht es zunächst am Strandbad ❷ vorbei. Auf der Nordseite des Weissensees führt

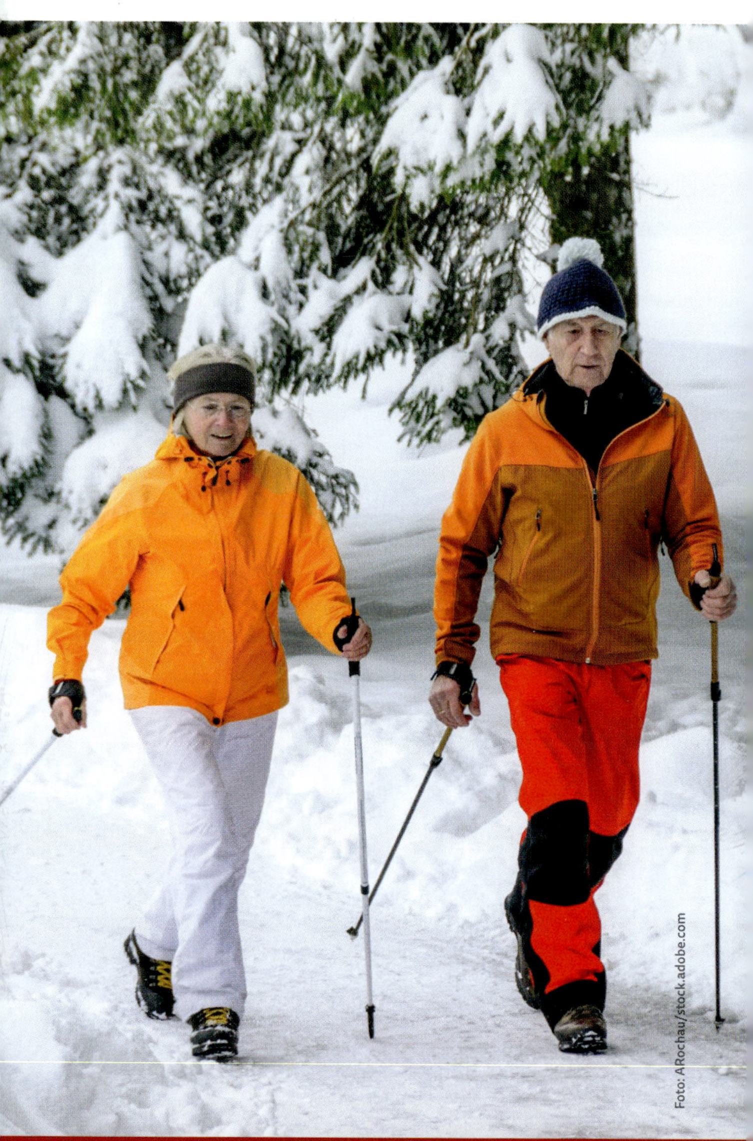

Foto: ARochau/stock.adobe.com

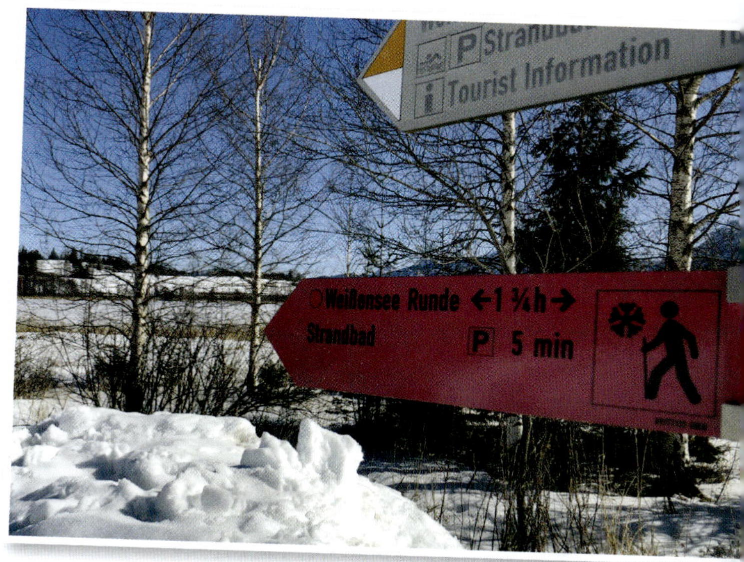

der Weg direkt am See zur gleichnamigen Gemeinde mit der von Weitem sichtbaren Kirche. Weiter in Richtung Füssen geht es schließlich in einem weiten Rechtsbogen um das östliche Seeende. Der Rückweg am Südufer verläuft großteils durch den Wald.

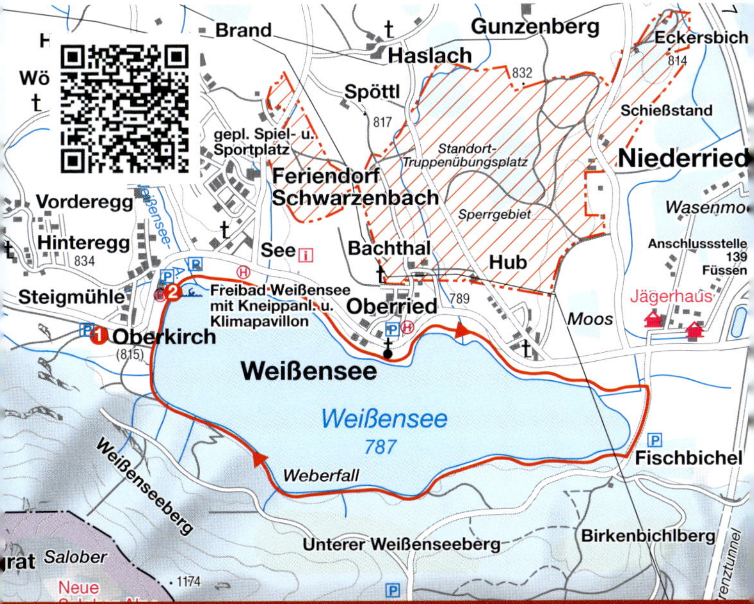

Brand
Gunzenberg
Eckersbich
Haslach
832
814
Spöttl
817
Schießstand
gepl. Spiel- u. Sportplatz
Standort-Truppenübungsplatz
Niederried
Feriendorf Schwarzenbach
Vorderegg
Sperrgebiet
Wasenmo
Hinteregg
834
See
Bachthal
Anschlussstelle 139 Füssen
Hub
Steigmühle
Freibad Weißensee mit Kneippanl. u. Klimapavillon
Oberried
789
Jägerhaus
Moos
1 Oberkirch
(815)
Weißensee
Weißensee
787
Fischbichel
Weberfall
Weißenseeberg
Unterer Weißenseeberg
Birkenbichlberg
Salober
1174
Neue
Grenztunnel

28

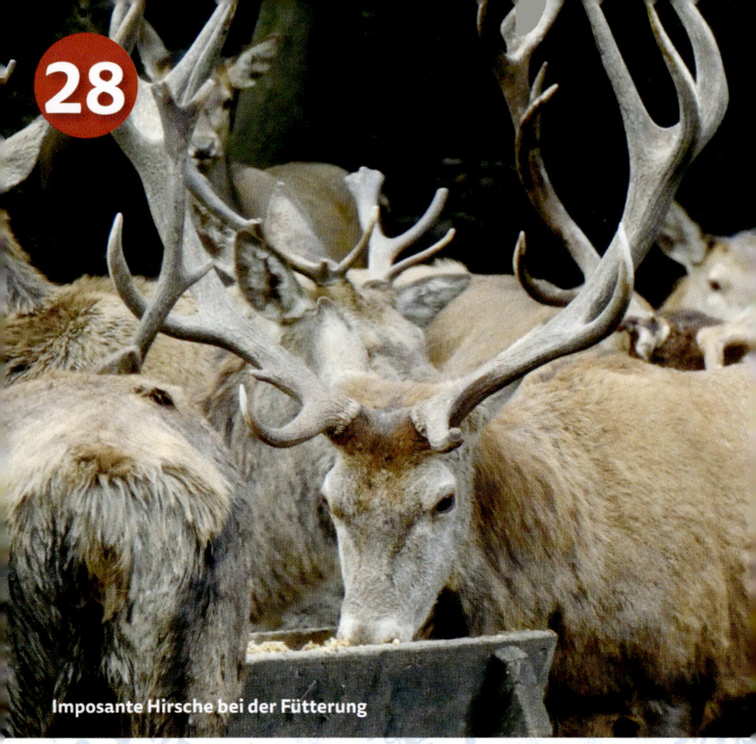

Imposante Hirsche bei der Fütterung

Wildtierfütterung am Bannwaldsee

Imposantes Schauspiel vor der einmalig schönen Kulisse der Königsschlösser.

Zu Besuch beim König

1 Std. 30 Min.

5,87 km

30 m

30 m

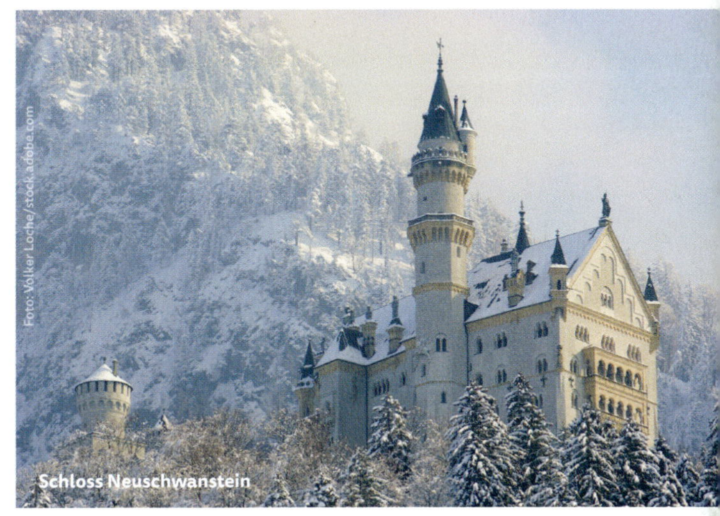
Foto: Volker Loche/stock.adobe.com

Schloss Neuschwanstein

Zwischen den Ufern von Forggensee und Bannwaldsee liegt der kleine Ort Brunnen. Die Anfahrt erfolgt von Füssen aus kommend über Schwangau. Ein kostenfreier Wanderparkplatz ❶ bildet den Startpunkt dieser etwa eineinhalbstündigen Wanderung.

Der gut beschilderte Weg zur Wildfütterung führt größtenteils über einen der befestigten Wirtschaftswege, die auch

Tipp Hunde sind bei der Tierfütterung nicht erlaubt. Eine Anmeldung zur Wildtierfütterung ist nicht notwendig. Nach dem Einlass werden die Tore zum Gehege wieder geschlossen und keine weiteren Besucher eingelassen. Der Eintritt ist kostenfrei, eine Spende ist aber gerne gesehen. Mehr Informationen unter *www.schwangau.de.*

In Verbindung mit dem Besuch der Wildtierfütterung sollte man sich die wunderschöne Barockkirche St. Coloman nicht entgehen lassen.

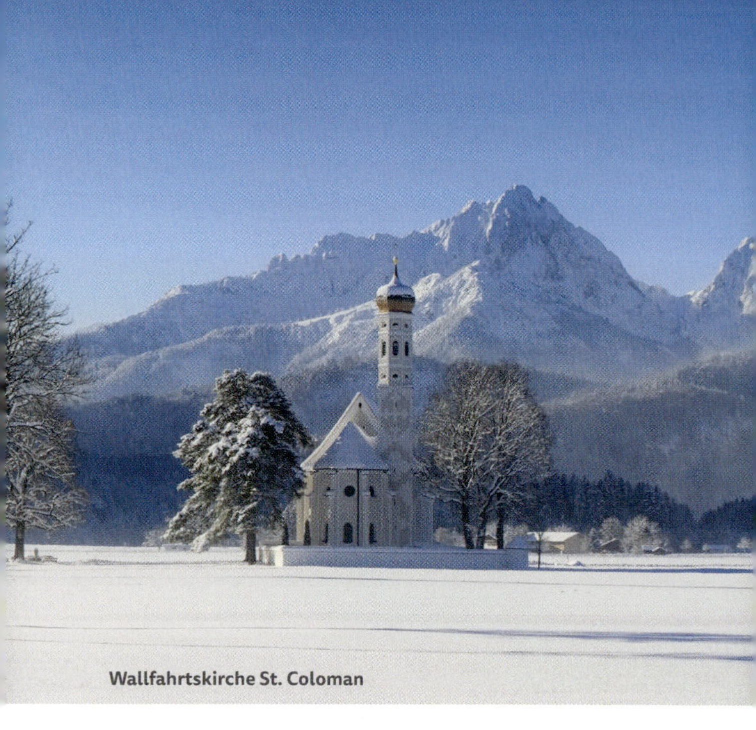

Wallfahrtskirche St. Coloman

bei Schnee einen guten und festen Untergrund bieten. Zu Beginn steigt der Weg mäßig in Richtung Vogelberg an.

Nach ein paar hundert Metern weist ein farbiges Schild rechts ab auf den Rundwanderweg „Wildfütterung" ❷. Hier steigt der Weg bis zur höchsten Stelle der Runde an, bevor es rechts in Richtung Bannwaldsee ❸ geht.

Am Ende des Weges ist bereits der Eingang zum Wildgehege am Waldrand sichtbar. Ab dem 25. Dezember und dann solange der Schnee liegt, werden um 15 Uhr die Tore des Geheges geöffnet. Ungefähr 30 Minuten kann man hier die Hirsche mit ihren mächtigen Geweihen, weibliche Tiere und Jungtiere beobachten.

Im Anschluss an das Schauspiel geht es zunächst auf demselben Weg zurück zur Weggabelung ❸, diesmal links ab in Richtung der Ortschaft Mühlberg und dann zurück zum Parkplatz. Auf nahezu dem gesamten Rückweg grüßt das Schloss Neuschwanstein unterhalb des Tegelbergs. Das Schloss Hohenschwangau und die Wallfahrtskirche St. Coloman runden die königliche Aussicht ab.

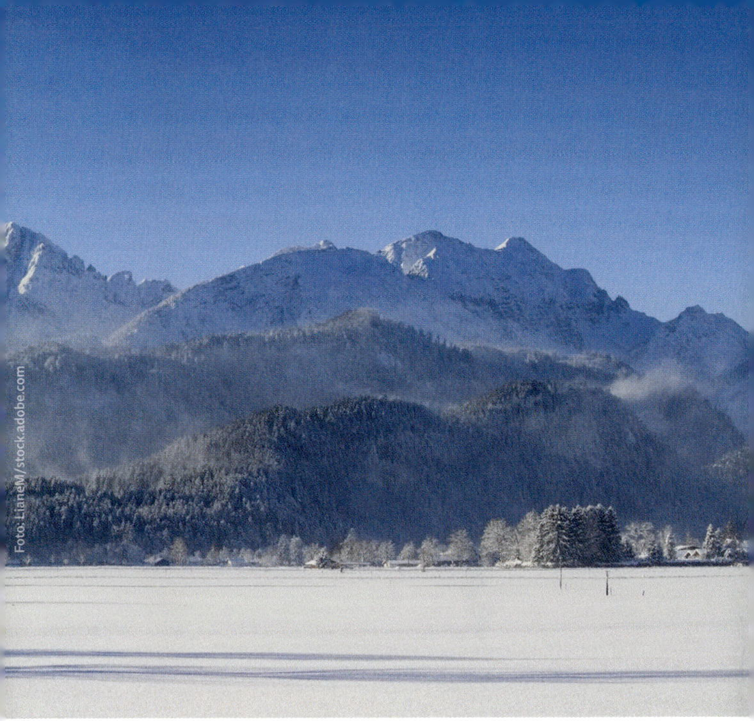

Foto: LianeM/stock.adobe.com

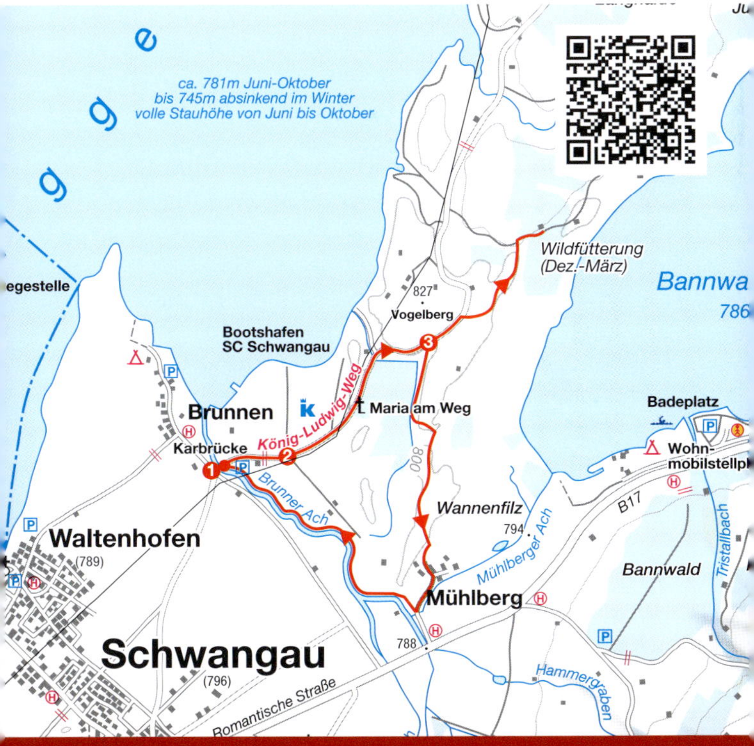

ca. 781m Juni-Oktober
bis 745m absinkend im Winter
volle Stauhöhe von Juni bis Oktober

Wildfütterung
(Dez.-März)

Bannwa
786

egestelle

827
Vogelberg

Bootshafen
SC Schwangau

Brunnen

König-Ludwig-Weg

Maria am Weg

Badeplatz

Wohn-
mobilstellpl

Karbrücke

Brunner Ach

800

Wannenfilz

794

Mühlberger Ach

B17

Tristallbach

Waltenhofen
(789)

Bannwald

Mühlberg

788

Schwangau
(796)

Hammergraben

Romantische Straße

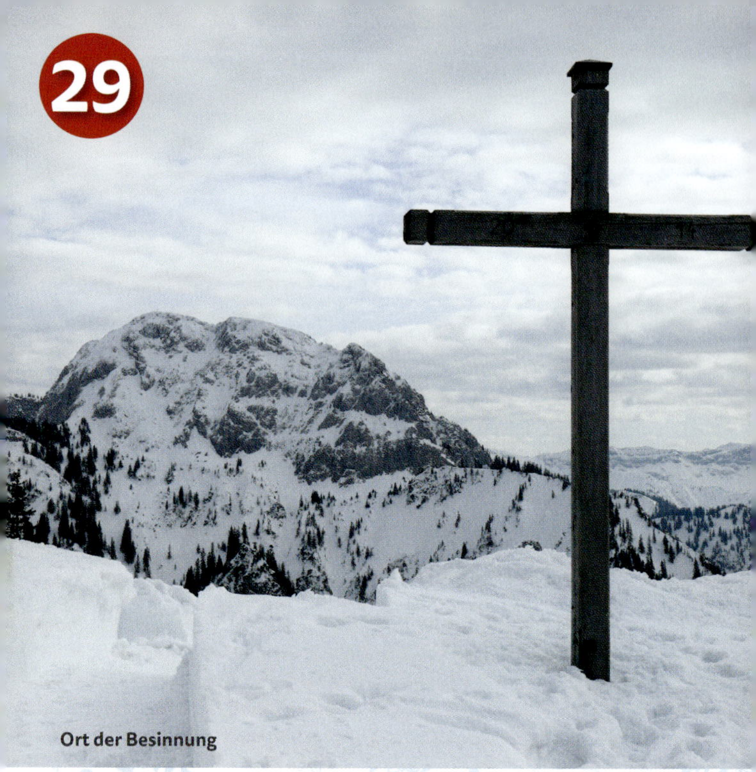

29

Ort der Besinnung

Tegelberg

Während das Leben rund um das berühmte Schloss Neuschwanstein pulsiert, geht es einen Stock höher weitaus ruhiger und besinnlicher zu.

Über König Ludwigs Dächern

15 Min. / 30 Min.  300 m / 500 m

 20 m / 60 m  20 m / 60 m

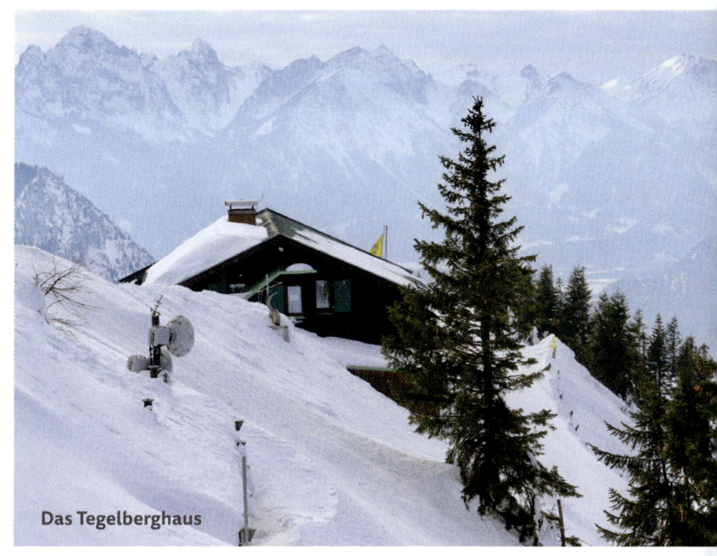
Das Tegelberghaus

Die Tegelbergbahn liegt an der Verbindungsstraße von Füssen nach Steingaden, in Sichtweite der Königsschlösser ❶ und der Barockkirche St. Coloman ❷. Alternativ zur Kabinenbahn führt ab der Talstation ein Skitouren-Lehrpfad auf 1.730 m Höhe.

Zwei Winterwanderwege sind ab der Bergstation gespurt. Der erste führt nahezu ebenerdig ein paar hundert Meter zum Ort der Besinnung ❸. Dieser ist zwar nach bereits 15 Minuten erreicht, aber alleine der Weg ist ein Genuss.

Tipp Die Abfahrt vom Tegelberghaus ist als Skiroute ausgewiesen. Ein Skitourenlehrpfad führt in etwa 2 Stunden über die Rohrkopfhütte hinauf zum Tegelberghaus. Zum Skitouren-Abend am Donnerstag sind die Skiroute wie auch die beiden Hütten bis ca. 22 Uhr geöffnet. Eine Langlauf-Loipe beginnt ebenfalls direkt am Parkplatz der Talstation. Speziell in der Nacht ist die beleuchtete 2,5-km-Runde in Sichtweite von Schloss Neuschwanstein ein ganz besonderes Erlebnis.

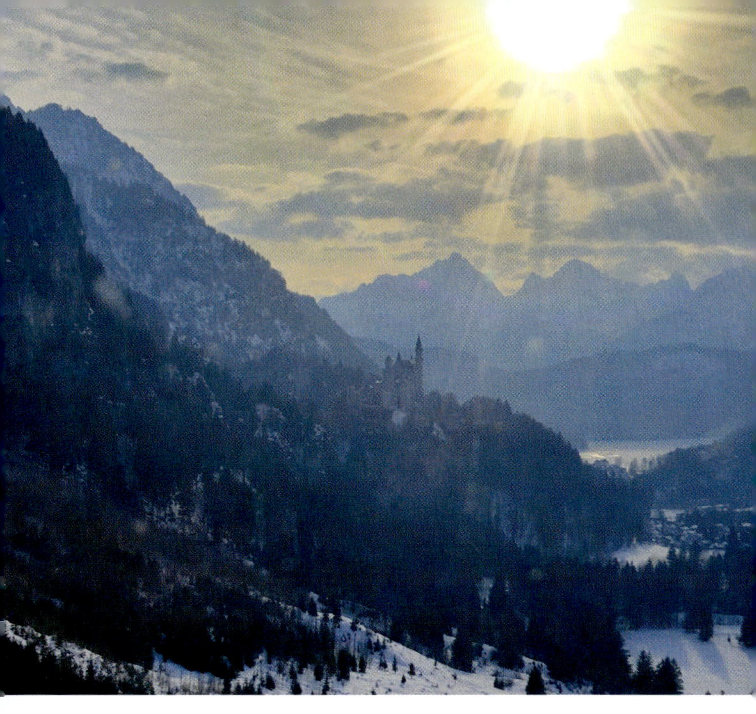

Nur wenige Meter nach der Bergstation breitet sich Stille aus. Hinter einer kleinen Baumgruppe taucht rechts unten der Alpsee auf. Geradeaus kommt das Holzkreuz, das das Ziel an der Station der alten Materialbahn des Tegelberghauses markiert, in Sicht. Gegenüber baut sich der massige Straußberg auf. Im Sommer kommt hier der Ahornreitweg aus der Bleckenau nach oben, den schon der „Kini" bei seinen Besuchen auf dem Tegelberg genutzt hat.

Zurück an der Bergstation führt ein zweiter Weg auf die Branderschrofenschulter ❹. Gut 80 Höhenmeter geht es nunmehr bergauf. Ein guter Tritt und festes Schuhwerk machen sich auf dem präparierten, aber steileren Pfad bezahlt. Eine halbe Stunde muss man für den Aufstieg einplanen. Oben öffnet sich ein tolles Panorama in Richtung der Ammergauer, Tiroler und Allgäuer Berge. Selbst wenn der Himmel nicht klar ist, kann man gegenüber den Gebirgsstock der Zugspitze gut erkennen.

Die Winterwanderungen am Tegelberg sind weniger sportlich ambitioniert, als vielmehr genussorientiert. Auf der Sonnenterrasse der Bergstation oder im Tegelberghaus ❺, dem ehemaligen Jagdhaus König Ludwigs II., kann man den kulinarischen Genuss folgen lassen, bevor es mit der Bahn zurück ins Tal geht.

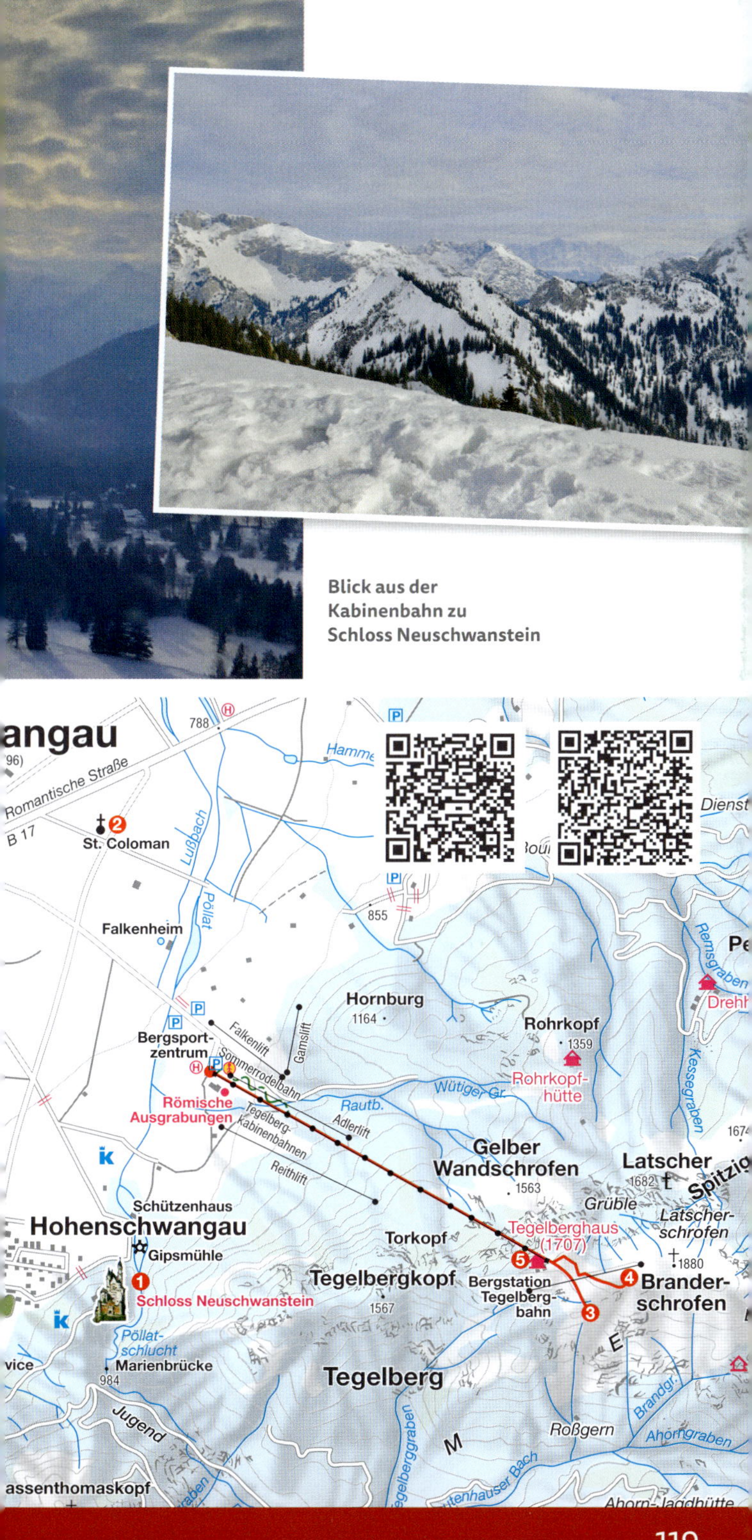

Blick aus der Kabinenbahn zu Schloss Neuschwanstein

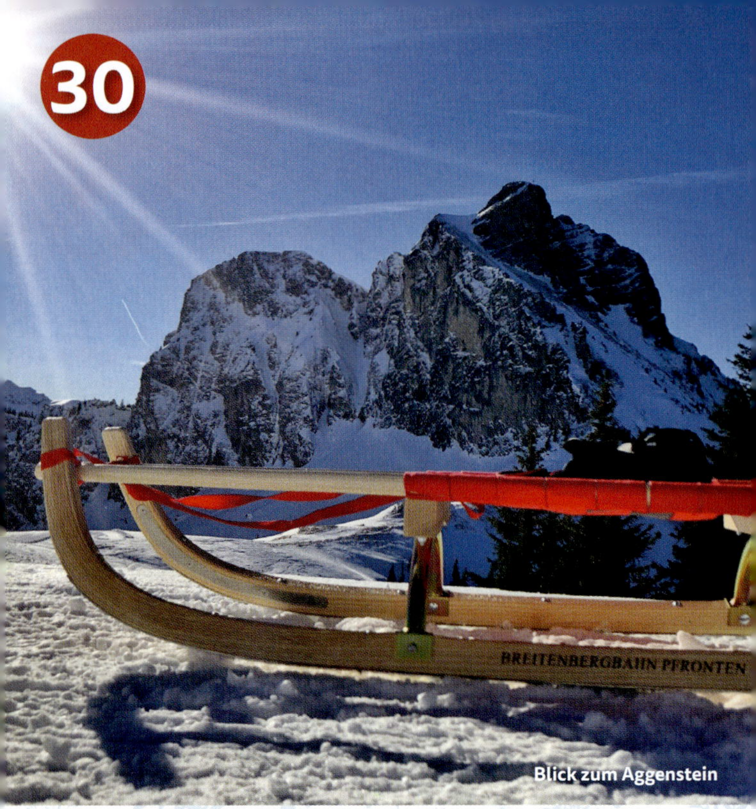

30

Blick zum Aggenstein

Breitenberg

Nicht nur die 6 km lange Abfahrt, auch der Blick auf den Aggenstein machen diesen Ausflug zu einem Erlebnis.

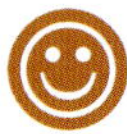

Die längste Naturrodelbahn im Allgäu

 ca. 30 Min.

 6 km

 610 m

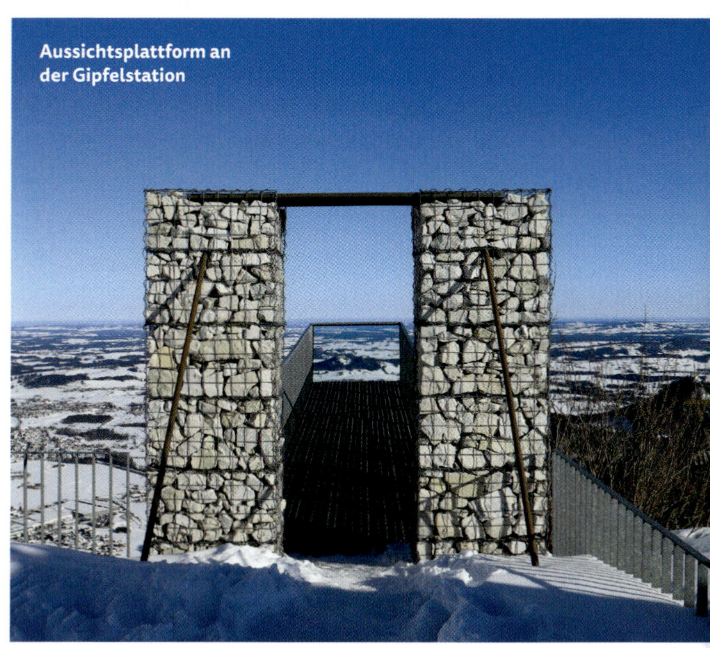
Aussichtsplattform an der Gipfelstation

Die Breitenbergbahnen befinden sich an der Ortsausfahrt von Pfronten in Richtung Vils. Schon bei der Anfahrt in Richtung Pfronten fällt die Ostlerhütte auf, die, wie die zahlreichen Burgen der Region, über dem Ostallgäu thront. Mit der Kabinenbahn geht es in das Skigebiet auf 1.498 m Höhe.

Über den Pisten baut sich der der mächtige Aggenstein auf. An der Bergstation ❶ stehen die Leihrodel bereit. Einige Meter von der Kabinenumlaufbahn entfernt befindet sich der Sessellift, mit dem es die letzten Höhenmeter nach oben

Tipp An der Bergstation ❶ der Kabinenbahn befindet sich eine kleine Aussichtsplattform. In luftiger Höhe hat man einen herrlichen Blick über das Ostallgäu und auf die gegenüberliegende Burgruine Falkenstein. Informationen zu den Tarifen für Bergfahrt und Leihrodel, sowie zu den Shuttle-Zeiten gibt es unter *www.breitenbergbahn.de*

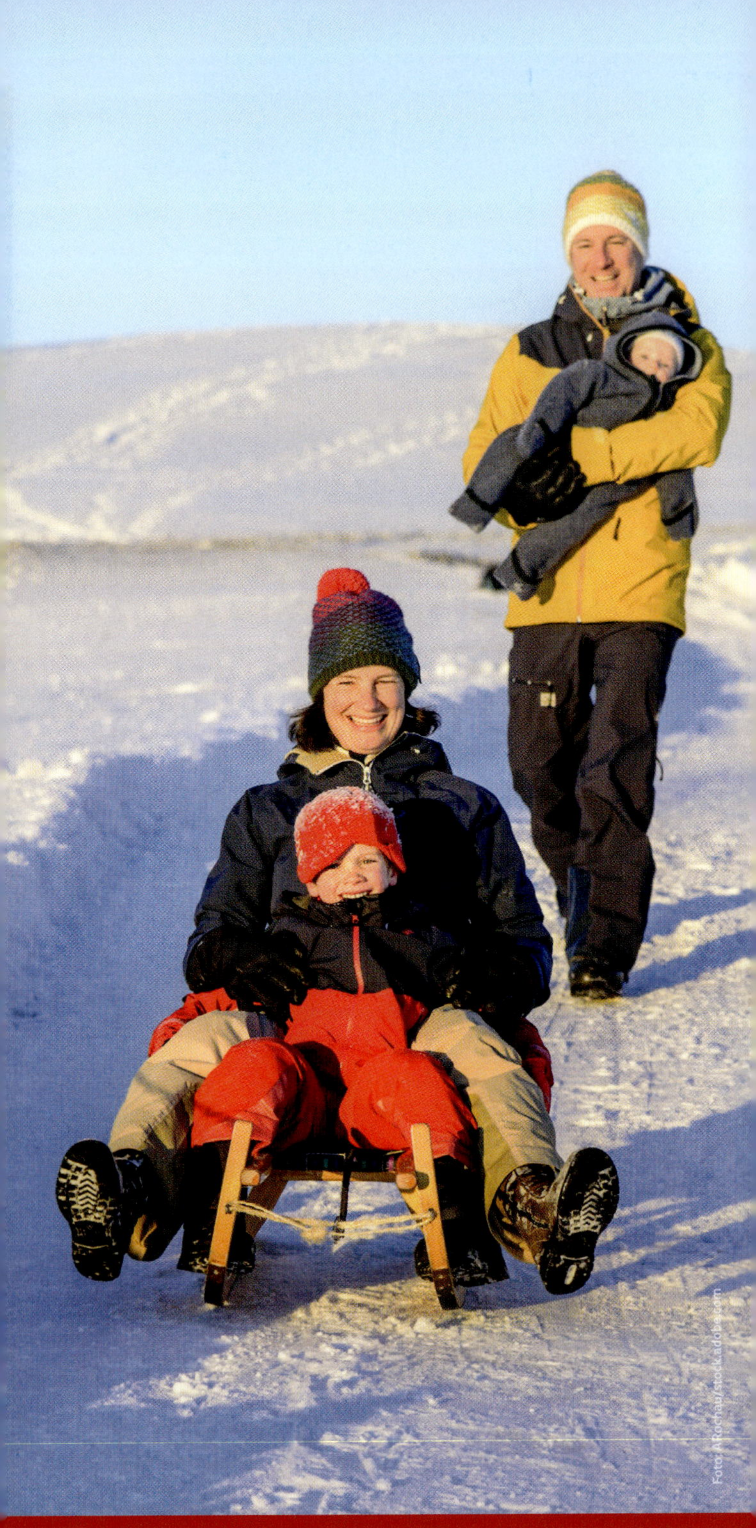

Foto: A. Rochau/stock.adobe.com

geht. Oben angekommen, zweigt ein paar Meter nach dem Ausstieg der Weg zur Ostlerhütte ab ❷. Etwa 45 Minuten muss man für den Aufstieg einplanen. Für den Rodel ist die Strecke aber gesperrt. Zu steil und je nach Witterung zu eisig. Aber auch zu Fuß lohnt sich der Abstecher, bevor es wieder hinunter zur Rodelbahn geht.

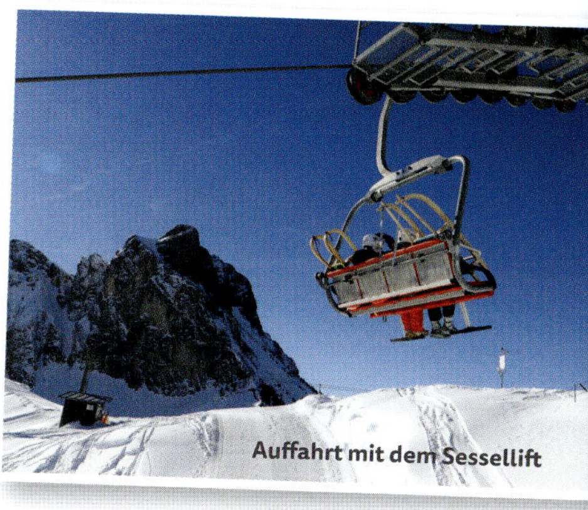

Auffahrt mit dem Sessellift

Die Rodelbahn führt auf insgesamt 6 km Länge über einen Forstweg hinunter ins Engetal zwischen Pfronten im Allgäu und Grän auf Tiroler Seite. Dazwischen liegen wunderschöne Panoramablicke bis hinüber zum Hochvogel, einsame Waldabschnitte und jede Menge Spaß für Groß und Klein.

Der Rodel-Spaß endet in der Nähe des alten Zollhauses ❸. Von hier kommt man mit dem Bus-Shuttle, der von der Breitenbergbahn eingerichtet wurde, bequem zurück zur Talstation.

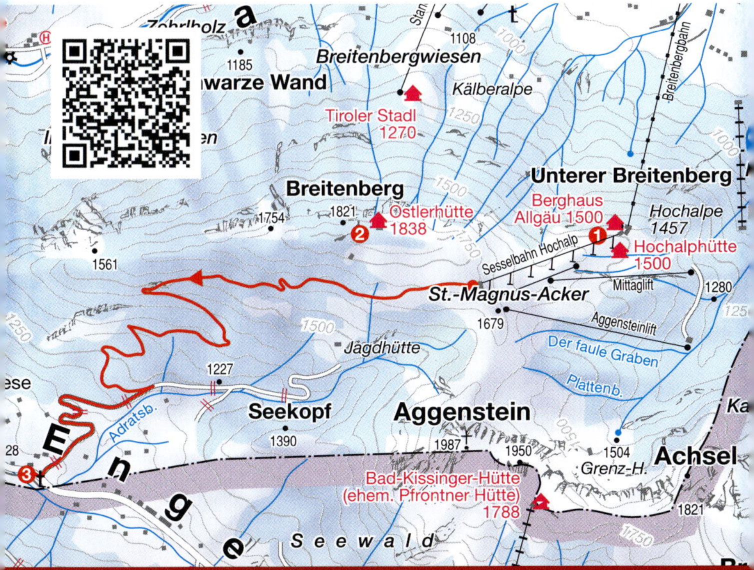

Foto: ARochau/stock.adobe.com

Bad Kissinger Hütte

Sportliche Winterbergtour an der Grenze zwischen dem Allgäu und dem Tannheimer Tal.

Im Reich der Gemsen

ca. 3,5 Std.

8 km

580 m

580 m

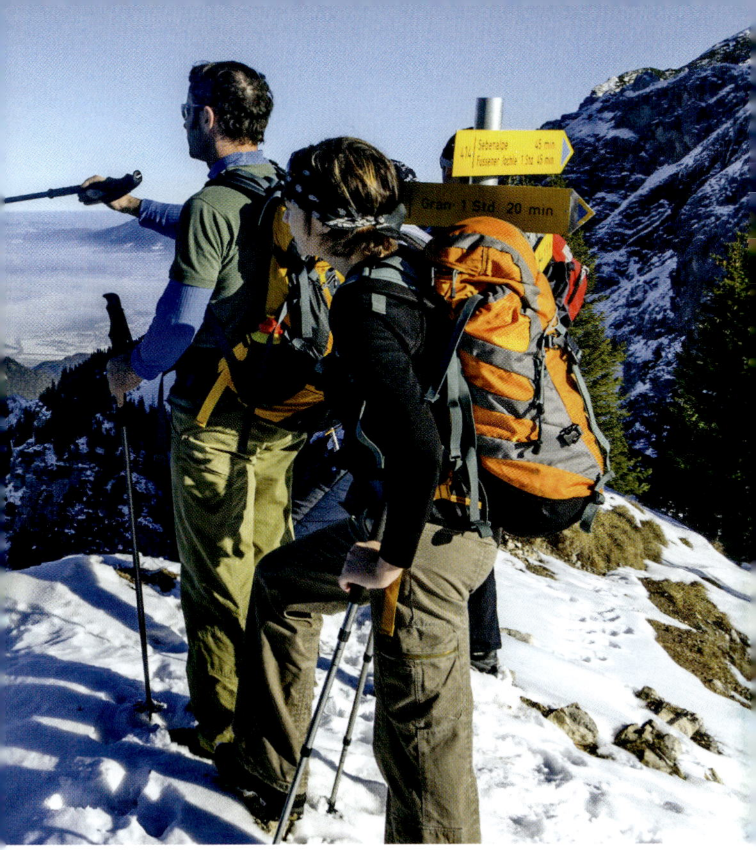

Der 1.986 m hohe Aggenstein befindet sich auf der Grenze zwischen Österreich und Deutschland. Auf seiner Südseite steht die Bad Kissinger Hütte. Je nach Schneelage ist der Aufstieg auf die Schutzhütte des Deutschen Alpenvereins eine konditionell anspruchsvolle Tour. Immerhin sind knapp 600 Höhenmeter zu bewältigen.

Der Weg auf den Aggenstein beginnt in Enge, einem kleinen Ort an der Verbindungsstraße zwischen Grän und Pfronten. Kurz nach Grän erreicht man auf der rechten Seite einen gebührenpflichtigen Wanderparkplatz ❶. Hoch oben thront das Gipfelkreuz des Aggensteins.

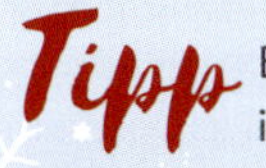

Beim Blick von der Terrasse hinunter in den Bergwald kann man mit etwas Glück Gemsen beim Äsen beobachten.

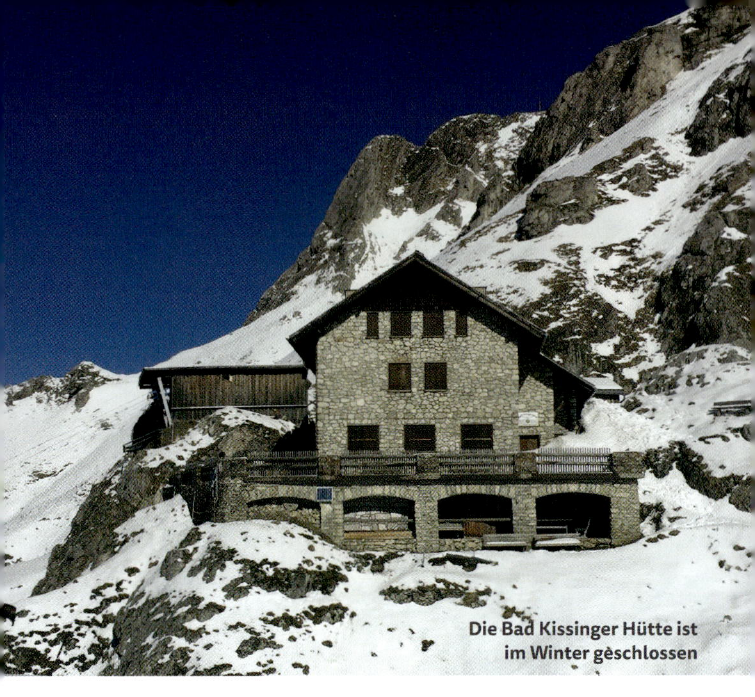

Die Bad Kissinger Hütte ist im Winter geschlossen

Zunächst geht es auf einem breiten Forstweg in Richtung Bad Kissinger Hütte. Die Strecke steigt entlang des Forstwegs moderat an. Nach einer guten halben Stunde ist eine Spitzkehre erreicht, in deren Anschluss der weitere Aufstieg links abzweigt ❷. Der schmale Pfad ist bei Neuschnee schwer zu erkennen, weshalb diese Tour eine gute Orientierung im Gelände voraussetzt.

Zunächst führt der Wegverlauf leicht bergauf und bergab zu einem ersten Bach, der mittels Holzbrücke gequert wird. Nun beginnt der Pfad in vielen kleinen Kehren zu steigen. Eine weitere Bachquerung und einige Kehren später taucht über dem lichter werdenden Wald die Bad Kissinger Hütte auf. Am Ende der Baumgrenze geht es noch ein paar Höhenmeter hinauf und im Anschluss an eine spitze Linkskurve auf die Bad Kissinger Hütte zu.

Stolz steht das beeindruckend gelegene Alpenvereinshaus mit seiner wunderschönen Steinfassade vor dem Gipfel des Aggensteins. Die Bad Kissinger Hütte hat in den Wintermonaten geschlossen. Um die Hütte herum, teilweise in direkter Nachbarschaft, suchen Gemsen in der schneebedeckten Umgebung nach Nahrung.

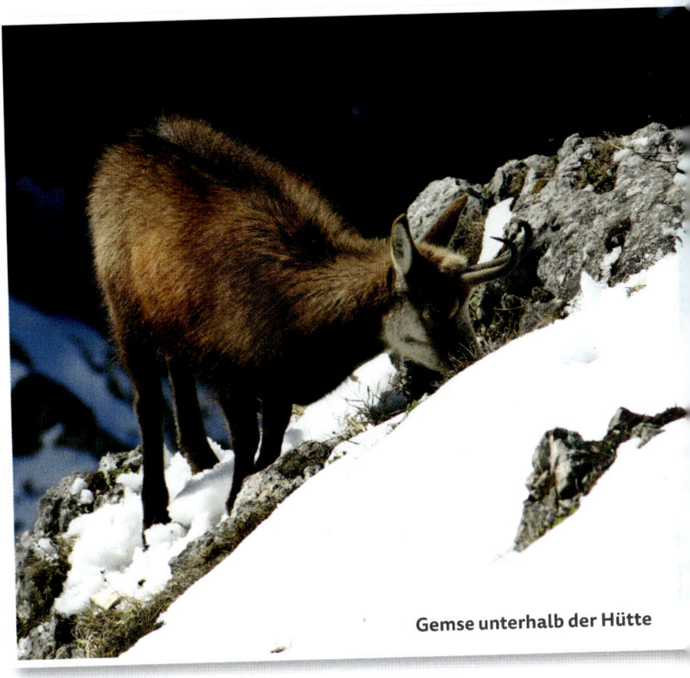

Gemse unterhalb der Hütte

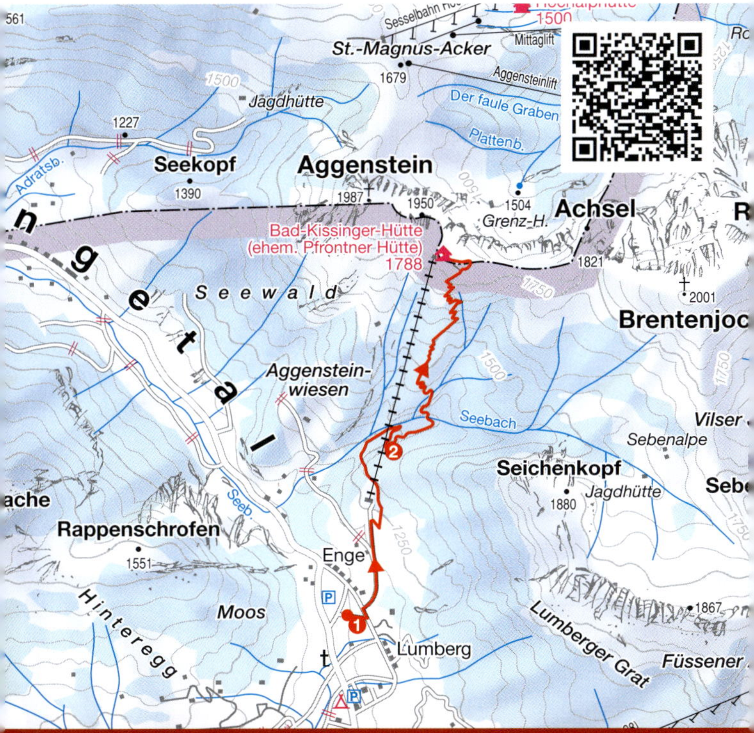

32

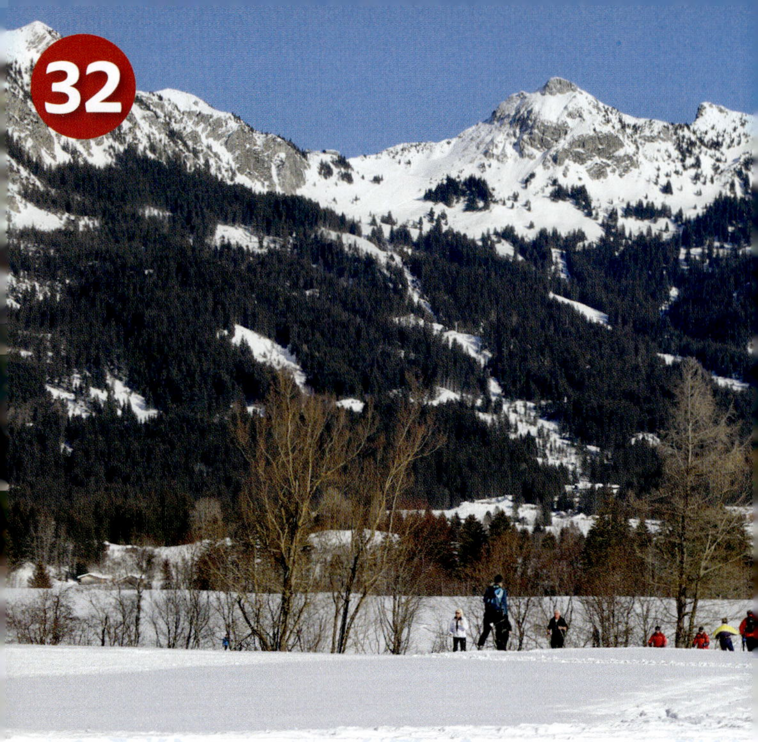

Langlauf zwischen Allgäu und Tannheimer Tal

Die Kombination von Allgäu und Tannheimer Tal ist etwas für Genuss-Langläufer.

Grenzüberschreitendes Langlauf-Erlebnis

 ca. 4,5 Std.

 30 km

 390 m

 390 m

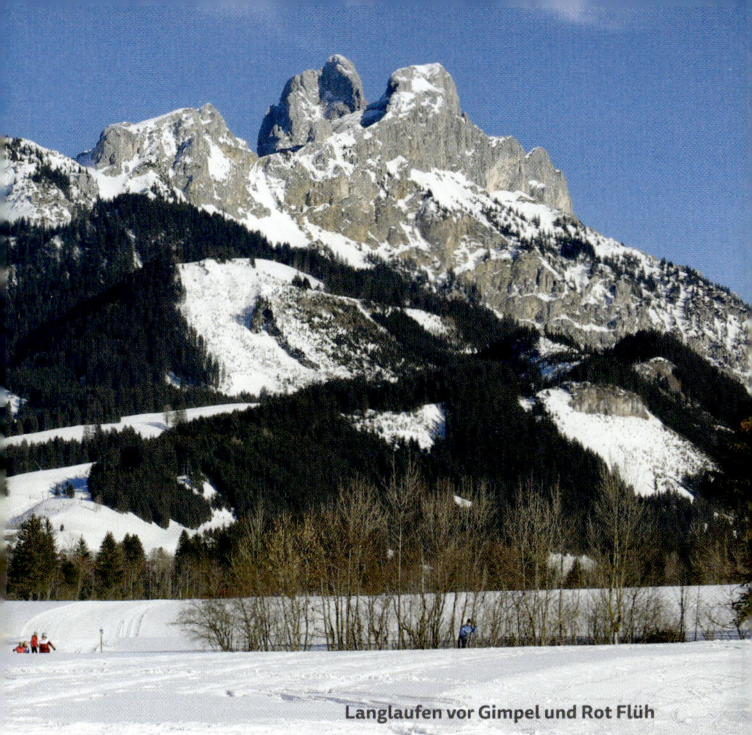
Langlaufen vor Gimpel und Rot Flüh

Das Tannheimer Tal ist bekannt für sein ausgedehntes Loipennetz. Insgesamt warten 140 Loipenkilometer auf Skater und klassische Langläufer. Von gemütlich bis sportiv ist alles dabei.

Neben der 13 km langen Loipe durch das Naturschutzgebiet Vilsalpsee (Erlebnis Nr. 33) zählt die „SKI TRAIL Rundloipe" sicher zu den bekanntesten und landschaftlich schönsten Strecken.

Ausgangspunkt ist der große Wanderparkplatz bei Tannheim, gegenüber der Vogelhornbahn und dem Skigebiet

Tipp Die Strecke lässt sich an verschiedenen Punkten verkürzen. So kann man die Schleife in Richtung Oberjoch auslassen, oder auch bereits ab Schattwald in einer eigenen Runde zurück nach Tannheim laufen.

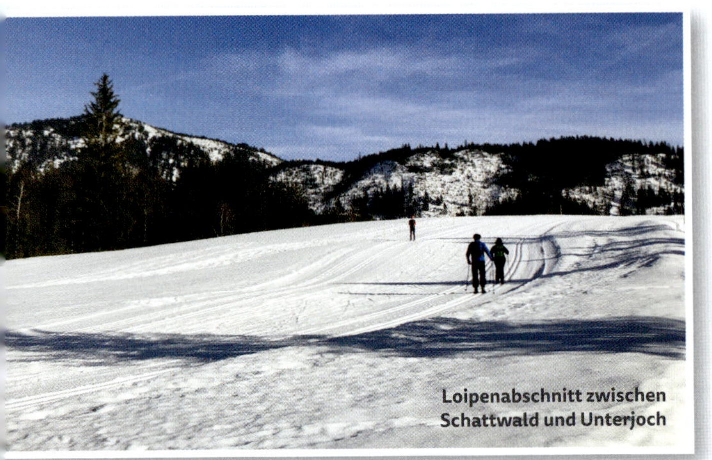

Loipenabschnitt zwischen Schattwald und Unterjoch

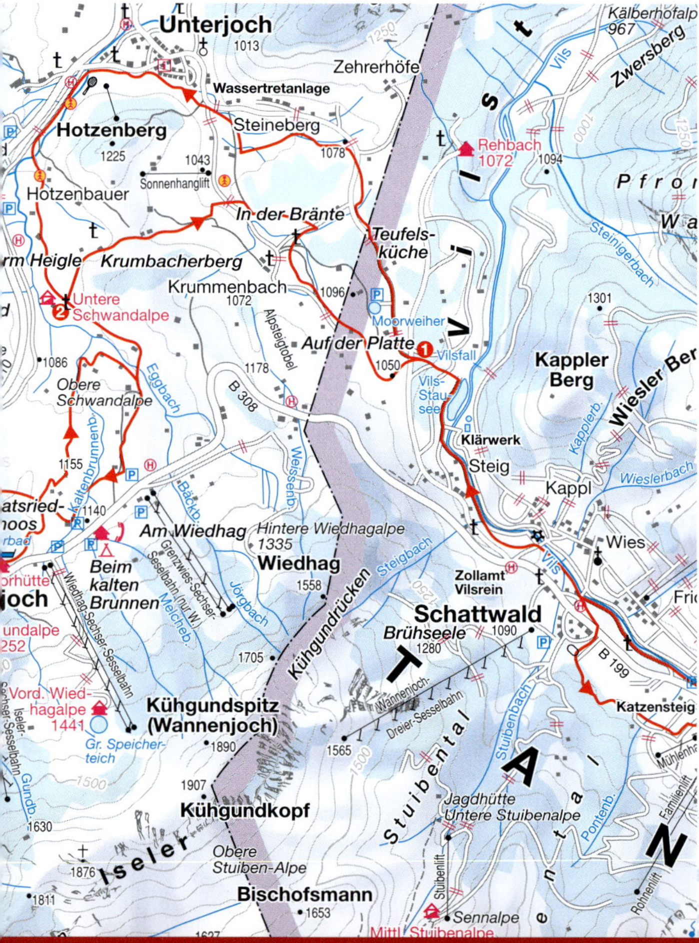

Neunerköpfle. Die große Schleife führt vor dem Panorama von Gimpel und Rotflüh im Talboden westwärts. An der Vils entlang geht es über Zöblen nach Schattwald, wo die Loipe in Richtung Rehbach abzweigt ❶.

Hier wird das Profil welliger und es geht über die Grenze zu Deutschland ins Allgäu. Über Unterjoch geht es in einer Schleife zurück in Richtung Tannheimer Tal, nicht ohne einen Abstecher nach Oberjoch ❷. In den sanften Hügeln rund um das Hochmoor markiert die Strecke eine kleine Acht, bevor es wieder zurück in Richtung Tannheim geht.

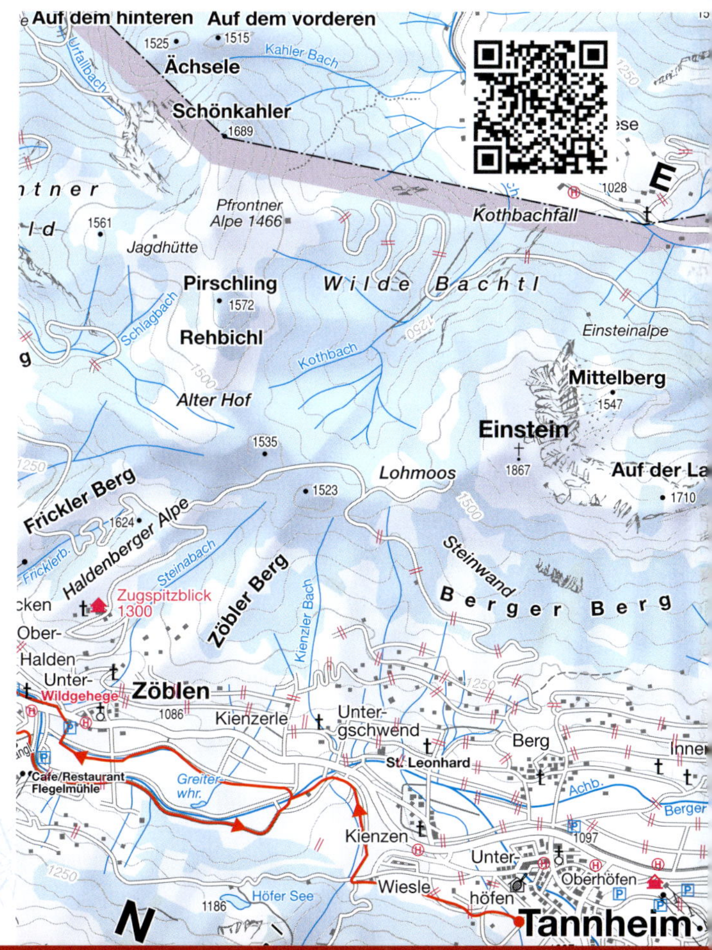

33

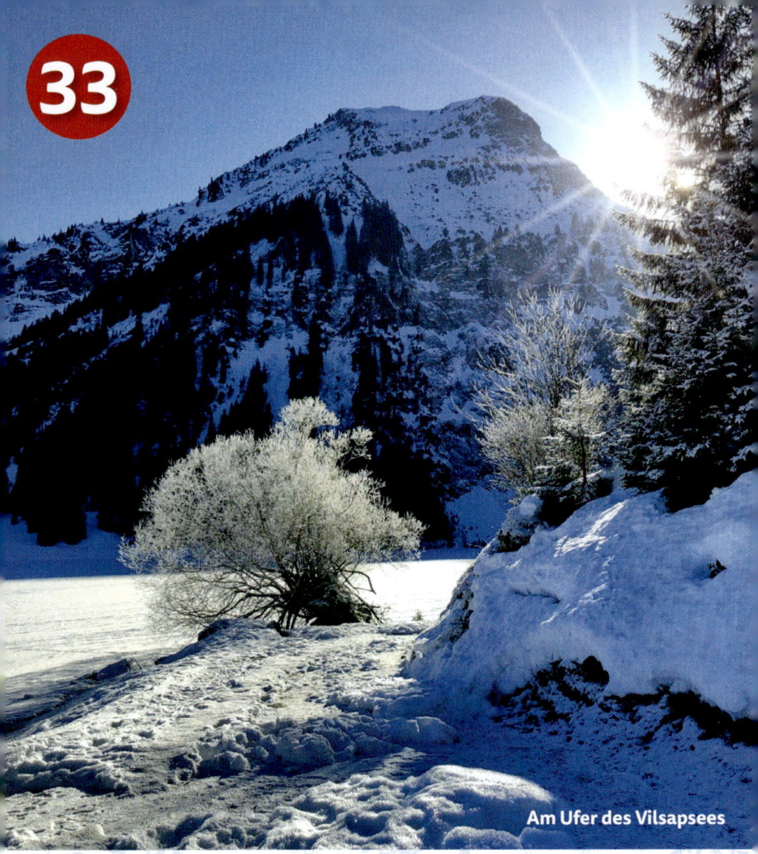

Am Ufer des Vilsapsees

Vilsalpsee

Zu Fuß oder auf Skiern. Ein Ausflug an den Vilsalpsee verspricht puren Naturgenuss.

Naturschutzgebiet im Tannheimer Tal

 1 Std. 20 Min.

 9,7 km

 70 m

 70 m

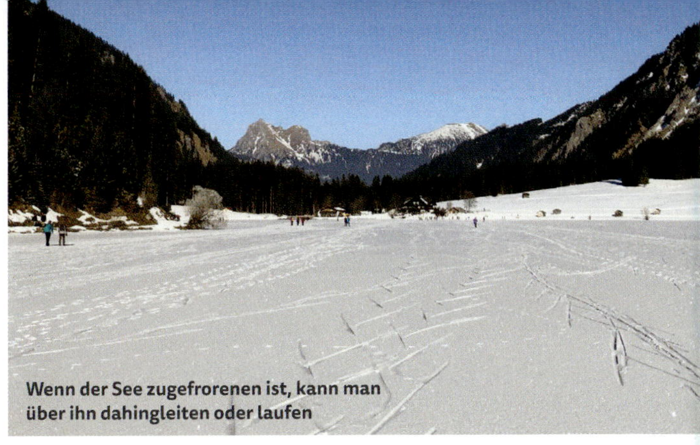
Wenn der See zugefrorenen ist, kann man über ihn dahingleiten oder laufen

Startpunkt der Vilsalpsee-Wanderung ist Tannheim, Hauptort des Tannheimer Tals.
In der Ortsmitte ist die Zufahrt zum Vilsalpsee ausgeschildert. Die Zufahrtsstraße selbst ist zwischen 8 und 17 Uhr in beiden Richtungen für den öffentlichen Verkehr gesperrt. Am Ortsende, kurz vor den Sperrschildern, gibt es auf der linken Seite der Vils einen kleinen ausgeschilderten und gebührenpflichtigen Parkplatz.

An der Vils befindet sich auch der Einstieg in das großzügig angelegte Loipennetz ❶ des Tals. Wanderer folgen zunächst ein paar hundert Meter der Zufahrtsstraße zum See, bevor am Waldrand ein Wanderweg rechts abbiegt ❷. Der zunächst breite Waldweg führt über eine kleine Brücke, bevor er sich verengt. Ebenerdig geht es über die noch junge Vils und über die Zufahrtsstraße.

Etwa 15 Minuten nach der Querung ist das Nordufer des Sees erreicht. Hier befindet sich auch die Bushaltestelle, die mehrmals am Tag von Tannheim aus angefahren wird. Das auch im Winter geöffnete Ausflugslokal ❸ zieht zusätzliche Tagesausflügler ins Tal. Auch die Loipe macht hier eine Schleife und führt zurück nach Tannheim.

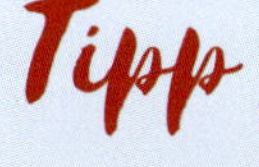

Während rund um das Ausflugslokal oftmals viele Menschen das Bergpanorama genießen, ist es am Südufer deutlich ruhiger.

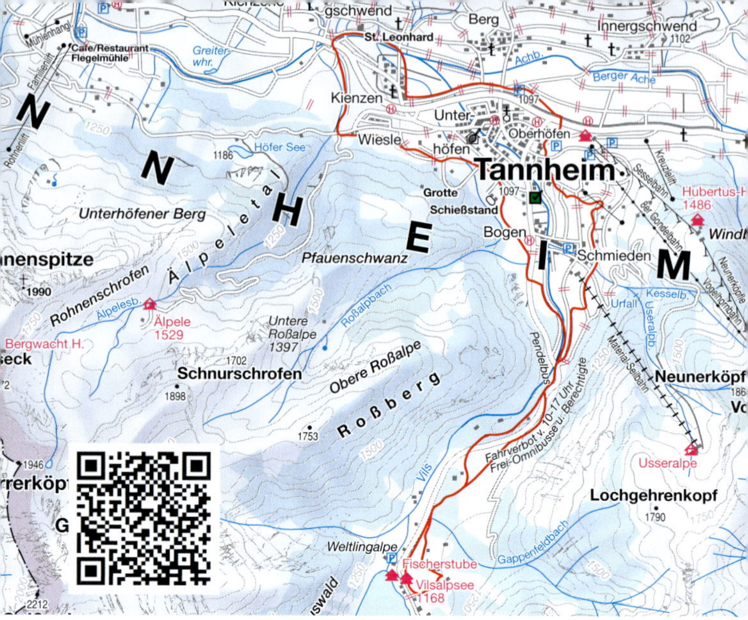

Auf der rechten Seeseite führt ein schmaler Wanderweg zum Südufer und weiter zur unbewirtschafteten Vilsalpe ❹. Hier im Talkessel befindet sich im Sommer der Aufstieg in Richtung Rauhhorn oder Geißhorn.
In den kalten Wintermonaten ist der Vilsalpsee gänzlich zugefroren. Weshalb auch viele Wanderer und Langläufer den See zur direkten Verbindung von Nord- und Südufer nutzen.

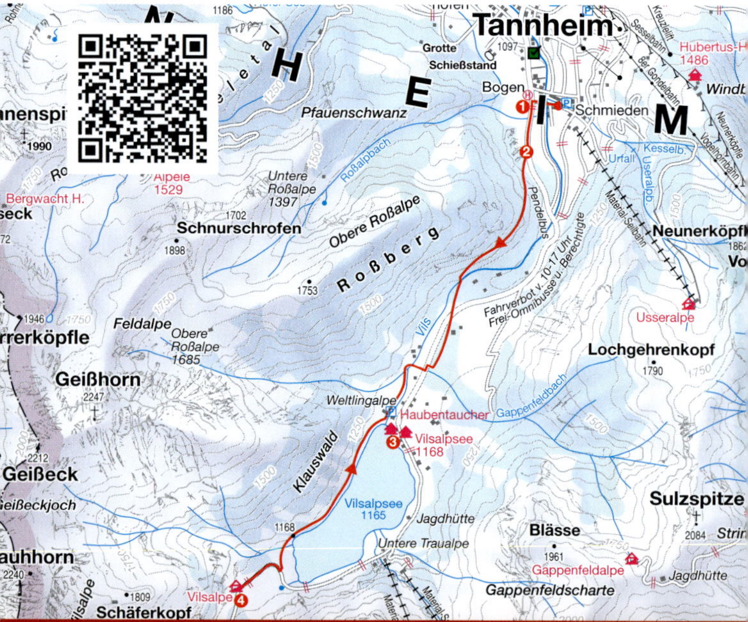

Freizeitbäder

Nach einem ereignisreichen Tag entspannen

Am Ende eines ereignisreichen Wintertags in der Sauna oder im Schwimmbecken entspannen und zur Ruhe kommen.

Zahlreiche Bäder im Allgäu bieten die Möglichkeit, die Erlebnisse des Tages in entspannter Atmosphäre Revue passieren zu lassen. Auch als Schlechtwetter-Alternative eignen sich Freizeitbäder wie das Wonnemar in Sonthofen. Neben Rutschen, einem Wellenbad- und Außenbecken kann man sich im Saunabereich mit Massagen verwöhnen lassen.

Auswahl an Saunen und Freizeitbäder

1. Wonnemar, Sonthofen *(www.wonnemar.de/sonthofen/)*
2. Aquaria, Oberstaufen *(www.aquaria.de)*
3. Cambomare, Kempten *(www.cambomare.de)*
4. ABC Bad, Nesselwang *(www.abc-nesselwang.de)*
5. Kristalltheme, Schwangau *(www.kristalltherme-schwangau.de)*
6. Alpentherme Ehrenberg, Reutte *(www.alpentherme-ehrenberg.at)*

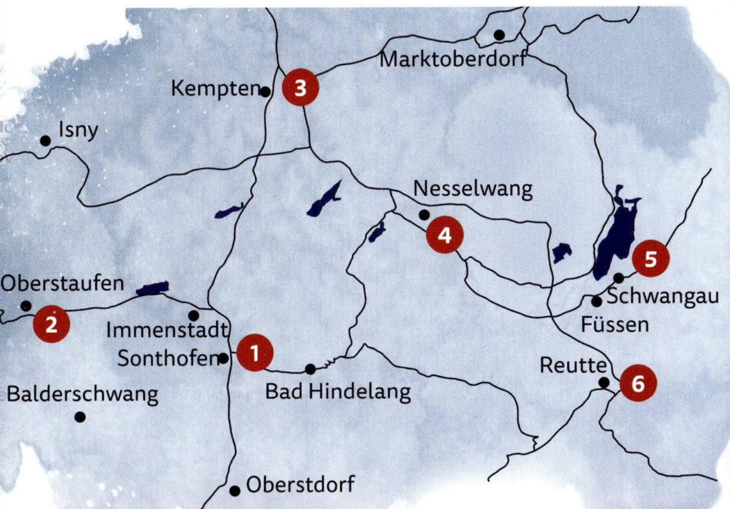

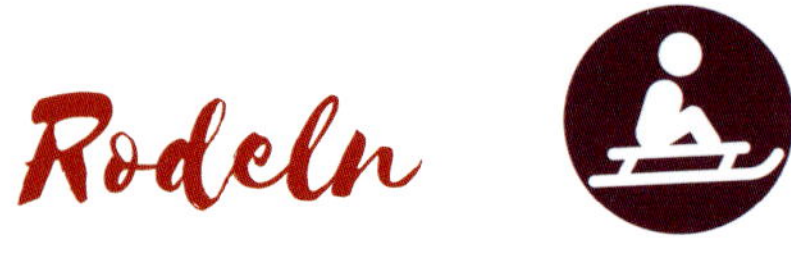

Rodeln

Winterspaß für Jung und Alt

Verschneite Hänge, schnittige Kurven und rasante Abfahrten. Ob mit oder ohne technische Unterstützung beim Aufstieg. Im Allgäu finden sich zahlreiche Rodelbahnen.

Unsere Rodel-Erlebnisse nach Tour-Nummern

1. **Imbergbahn** Nr. 5
2. **Alpe Gschwenderberg** Nr. 6
3. **Grüntenhütte** Nr. 8
4. **Gunzesrieder Tal** Nr. 11
5. **Ofterschwang** Nr. 12
6. **Seealpe** Nr. 19
7. **Schwarzenberghütte** Nr. 20
8. **Sonthofer Hof** Nr. 22
9. **Hornbahn** Nr. 23
10. **Hirschalpe** Nr. 24
11. **Buchelalpe** Nr. 25
12. **Breitenberg** Nr. 30

13 **Hochgrat –** Die 5 km lange Naturrodelbahn am Hochgrat überwindet einen Höhenunterschied von 852 m. An der Hochgratbahn können Rodel geliehen werden. Informationen zu den Öffnungszeiten und Tarifen gibt es unter *www.hochgrat.de.*

14 **Alpsee-Coaster –** Deutschlands längste Ganzjahresrodelbahn wartet mit ihrer 3 km langen Abfahrt zwischen Immenstadt und Oberstaufen auf seine Besucher. Als Ergänzung stehen zwei Naturrodelbahnen zur Verfügung. Einen Rodelverleih gibt es an der Talstation. Weitere Informationen unter *www.alpsee-bergwelt.de.*

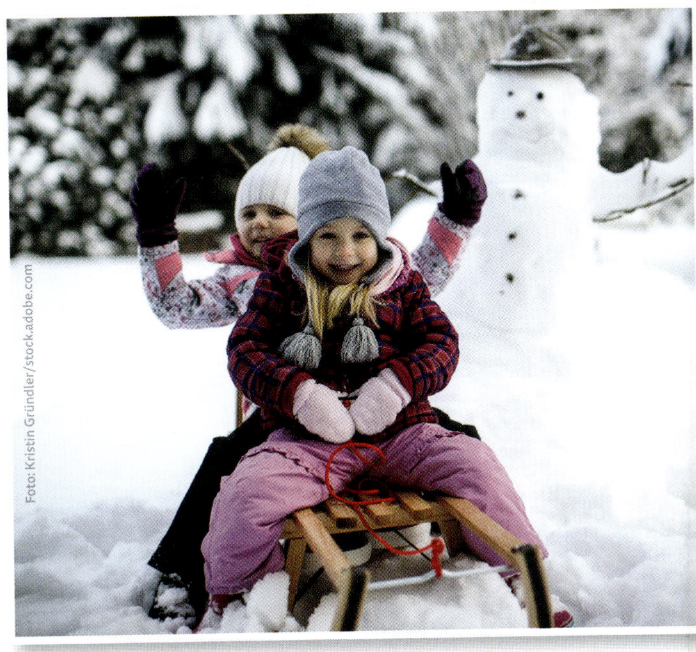

Foto: Kristin Gründler/stock.adobe.com

15 **Mittagbahn –** Vom Mittaggipfel geht es über 5 km ins Tal. Einkehrmöglichkeiten gibt es an der Berg- und Mittelstation, einen Rodelverleih an der Talstation. Die Öffnungszeiten finden Sie hier: *www.mittagbahn.de.*

16 **Allgäu Coaster Söllereck –** Eine weitere Ganzjahresrodelbahn befindet sich am Söllereck. Mit bis zu 40 Stundenkilometern geht es in zahlreichen Kurven, eingebauten Sprüngen und Wellen ins Tal. Mehr über den Allgäu Coaster gibt es hier: *https://www.ok-bergbahnen.com/erlebnis-spass/erlebniswelten/allgaeu-coaster/.*

17 **Gaisalpe –** Aus Richtung Reichenbach erreicht man die bewirtschaftete Gaisalpe vom Wanderparkplatz nach etwa 1 Stunde Gehzeit. Alternativ kann man auch direkt von Oberstdorf über den Wallraffweg aufsteigen. Die Rodelbahn führt anschließend ins Tal nach Reichenbach. Leihrodel gibt es an der Alpe. Weitere Informationen unter *www.gasthof-gaisalpe.de.*

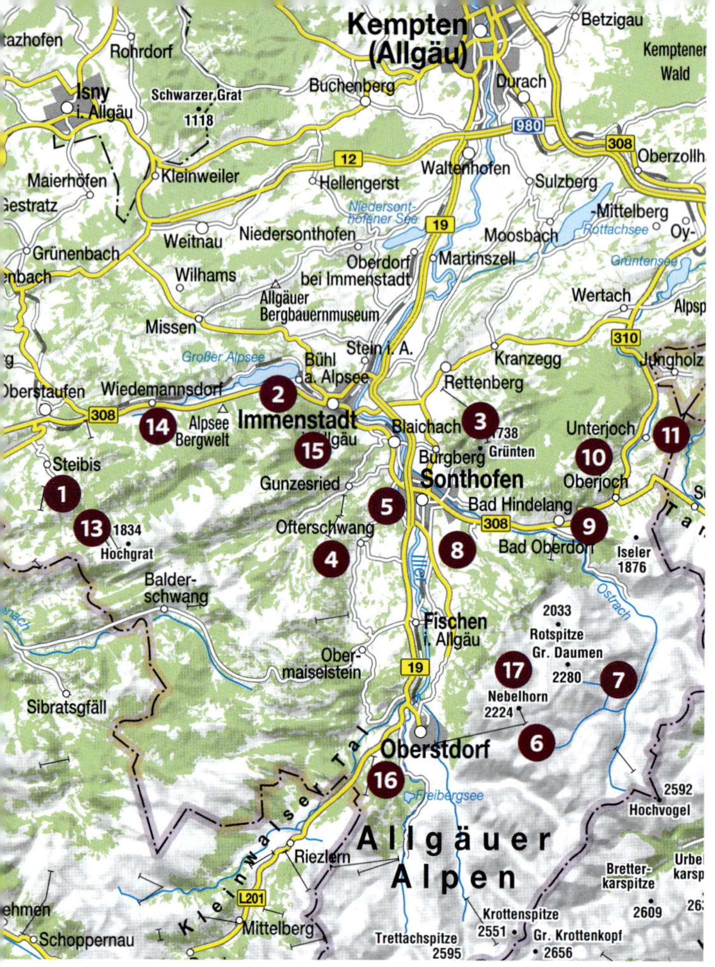

18 **Hündeleskopfhütte –** Eine 2 km lange Rodelbahn führt von der Hündeleskopfhütte ins Tal nach Pfronten Kappel. Dort befindet sich auch der Parkplatz für den Zustieg. Weitere Informationen finden Sie unter *www.huendeleskopfhuette.de.*

19 **Kappeler Alp –** Ausgangspunkt für die Wanderung zur Kappeler Alp ist wie für die Hündeleskopfhütte der öffentliche Parkplatz in Pfronten Kappel. Nach einer Einkehr in der bewirtschafteten Alpe geht es etwa 5 km auf dem Rodel ins Tal. Informationen zu den Öffnungszeiten finden Sie hier: *www.kappeleralp.de.*

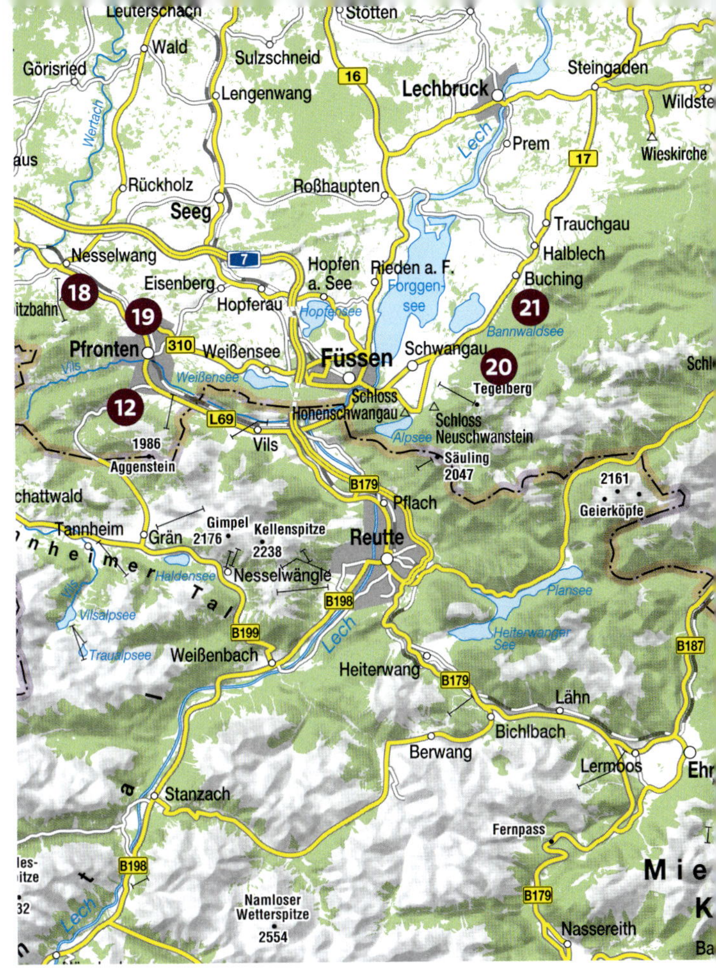

20 Drehhütte – Vom Wanderparkplatz unterhalb der Drehhütte führt ein Forstweg in ca. 50 Gehminuten hinauf zur bewirtschafteten Hütte (kein Rodelverleih). Mehr Informationen unter *www.drehhuette.de.*

21 Buchenberg – Mit der Doppelsesselbahn geht es von Buching aus nach oben. Alternativ erfolgt der Aufstieg über einen Forstweg in gut 1 Stunde. Leihrodel stehen an der Talstation zur Verfügung. Zudem bietet die Buchenbergbahn Nachtrodeln an. Die Zeiten und weitere Informationen gibt es unter *www.buchenbergbahn.de.*

Kutschfahrten

Romantische Pferdeschlittenfahrt auf dem Berg und in den Tälern

Eine Auszeit vom Alltag und in der Stille der Winterlandschaft entspannen. Nur das Schnauben der Pferde in ihrem gleichmäßigen Tritt. Mit dem Pferdeschlitten durch die verschneite Winterlandschaft zu gleiten, ist ein ganz besonderes Erlebnis, das quer über das Allgäu verteilt angeboten wird.

Bad Wörishofen

Kutscher Niklas bietet Kaffeefahrten nur mit historischen, weit über 100 Jahre alten Pferdekutschen im Süden von Bad Wörishofen an. Informationen gibt es unter *www.kutschenniklas.de*

Hinterstein

Vom Bergdorf Hinterstein geht es mit dem Pferdeschlitten durch die eindrucksvolle Gebirgslandschaft zum 1.067 m hoch gelegenen Giebelhaus. Bernhard Besler bietet zum Beispiel eine Abfahrt in Hinterstein um 11 Uhr an. Nach der Mittags-Einkehr im Giebelhaus geht es wieder zurück nach Hinterstein. Informationen und Reservierung gibt es unter *Telefon 08324-8219.*

Oberstdorf

Die Lohnkutscherei Blattner bietet Pferdeschlittenfahrten in die Oberstdorfer Winterlandschaft an. Informationen zu den Fahrzielen gibt es unter *www.lohnkutscherei-blattner.de.*

Schwangau

Romantische Kutschfahrten vor der herrlichen Kulisse der Königsschlösser bei Schwangau bietet der Kutschbetrieb Andreas Kotz. Informationen zur Anmeldung unter *www.kutschbetrieb-kotz.de.*

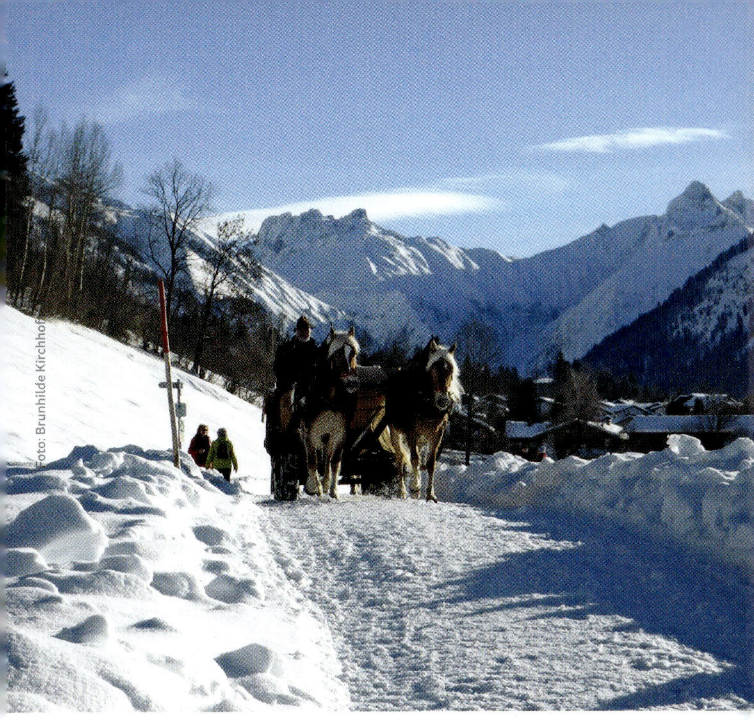
Foto: Brunhilde Kirchhoff

Steibis
Ab der Imbergbahn finden täglich Kutschfahrten in die verschneite Landschaft statt. Nähere Informationen unter *www.imbergbahn.de.*

Tannheim
Mit dem Pferdeschlitten an den Vilsalpsee. Das kann man von Tannheim aus erleben. Informationen zu den Fahrten gibt es unter anderem unter *www.heuwagen.at.*

Tiefenbach bei Oberstdorf/Rohrmoostal
Ein paar Stunden pure Erholung mit Schlitten oder Kutsche durch die wildromantische Landschaft des Rohrmooser Tals. Informationen zu den Ausflügen: *www.schlittenfahrten-dornach.de.*

Wertach
Warm eingepackt in der Pferdekutsche und mit klingenden Glöckchen im Trab durch die verschneite Winterlandschaft ist ein unvergessliches Erlebnis für Jung und Alt – zum Beispiel um den Grüntensee. Zu finden unter: *https://www.landhaus-fischer.de/kutschfahrten/index.html*

Winterzauber für Groß und Klein

Diese Tipps machen Lust auf Schnee und Kälte, denn blauer Himmel, weißer Schnee, glitzernde Kirstalle machen das Allgäu zu einem wahren Winterwunderland.

Zauberhaft beim Ballonglühen

Während bei den eisigen Temperaturen Glühwein und Punsch die Hände wärmen, glühen die Heißluftballone im Takt der Musik und bringen das Allgäu zum Leuchten.

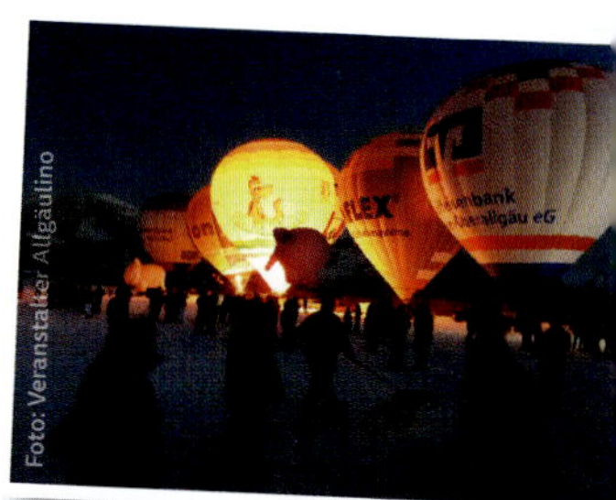
Foto: Veranstalter Allgäulino

Traumhaft im Iglu

Jede Menge Schnee und dem Sternenhimmel ganz nah. Die IgluLodge am Nebelhorn ist ein Eis-Hotel, das jeden Winter aufs Neue entsteht und von Allgäuer Künstlern mit viel Herzblut gestaltet wird.
Info: *https://iglu-lodge.de*

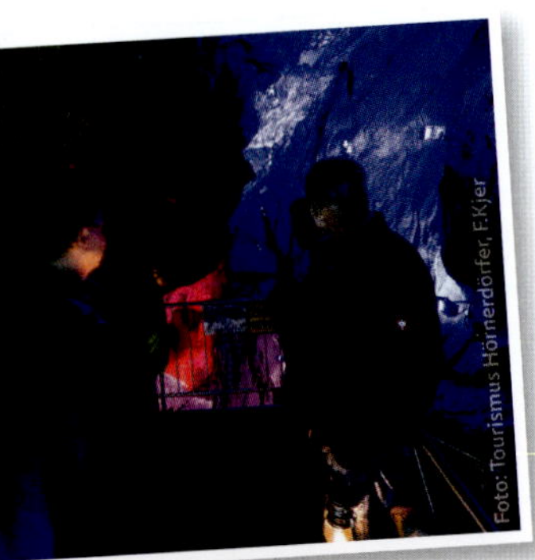
Foto: Tourismus Hörnerdörfer, F.Kjer

Geschichtliches im Erdinneren

120 Millionen Jahre Geschichte. Die einzige begehbare Spalthöhle im Allgäu: die Sturmannshöhle in Obermaiselstein. Begeben Sie sich auf die Spuren mystischer Erzählungen. Führungen unter:
www.hoernerdoerfer.de

Tierisch hungrig

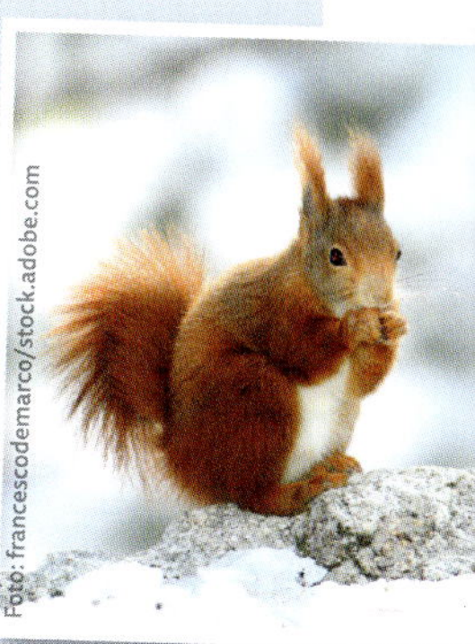
Foto: francescodemarco/stock.adobe.com

Weil das Wild unter all dem Schnee und Eis nicht so leicht an Nahrung kommt, wird es im Winter gefüttert:

- Alpenwildpark Obermaiselstein: *www.alpenwildpark.de*
- Wildfütterung Bannwaldsee, Schwangau: *www.schwangau.de*
- Wildgehege Schloss Kronburg: *www.schloss-kronburg.de*
- Rothirschgehege Waldort Gut Kinsegg: *www.waldort.de*
- Eichhörnchenwald Fischen: *www.hoernerdoerfer.de/fischen*

Aktiv beim Eislaufen

Winterglück auf Eis: Eislaufen ist nicht so schwer wie es aussieht und das Gleiten über Eis ist ein herrliches Gefühl. Mit Schlitten im Schlepptau können auch die ganz Kleinen mit aufs Eis. Familienspaß im Stadion: Füssen, Lechbruck, Pfronten, Kempten, Oberstdorf, Kaufbeuren, Bad Wörishofen, Buchloe, Sonthofen, Lindau, Bad Hindelang und Memmingen.

Mehr Winterspaß mit dem Winterferienpass!

Der Winterferienpass Oberallgäu bietet kostenlose Angebote und Ermäßigungen – mit und ohne Schnee, für drinnen und draußen. Infos: *www.ferienpass-allgaeu.de*

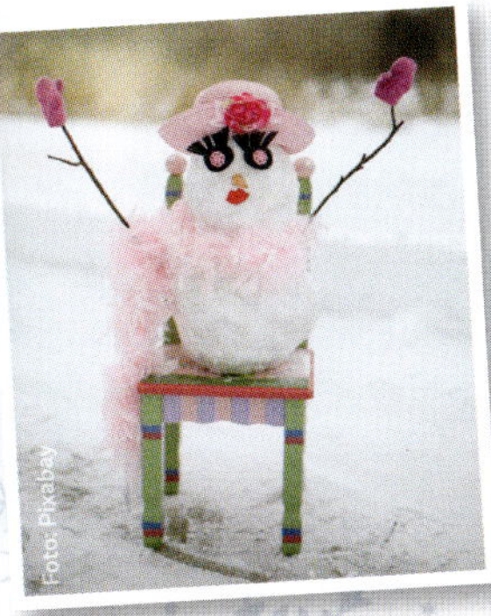
Foto: Pixabay

Lustig beim Schneefraubauen

Warum nicht einmal die Freundin des Schneemanns bauen? Was wir unbedingt brauchen, ist eine Ladung besten Pappschnees, Hut, Schal und wichtig sind natürlich die Wimpern und gaaaanz dicke, warme Handschuhe, sonst macht's absolut keinen Spaß...

Impressum

Herausgeber & Verlag:
AVA-Agrar Verlag Allgäu GmbH
Porschestraße 2 • 87437 Kempten/Allgäu
Telefon: (08 31) 5 71 42-13 • Fax: (08 31) 5 71 42-22
vertrieb@ava-verlag.de • www.ava-verlag.de

Gesellschafter:
A. Kiechle, H. Kühnle, S. Kühnle-Weber,
A. Weixler, Landwirtschaftsverlag Münster

Geschäftsführer:
Dr. Harald Ströhlein

Redaktion & Layout:
Nadja Esterl, Ulrike Steiger

Touren, Fotos & Umsetzung:
Björn Ahrndt

Titelbild: Alle Bilder: ARochau/stock.adobe.com

ISBN: 978-3-98516-049-5

Panoramakarte:
©Zumsteinkarte, AVA-Agrar Verlag Allgäu GmbH

Druck: Royal Druck GmbH
87437 Kempten/Allgäu

GEDRUCKT IN DER Heimat

Bildverweise

Schneesterne: ©SG-design – Fotolia.com; Icons: Winterwandern, Skitour, Langlauf, Rodeln und Wasser: Marc/stock.adobe.com, Schneeschuhwandern: T. Michel/stock.adobe.com, Kutschfahrt: ComicVector/stock.adobe.com,

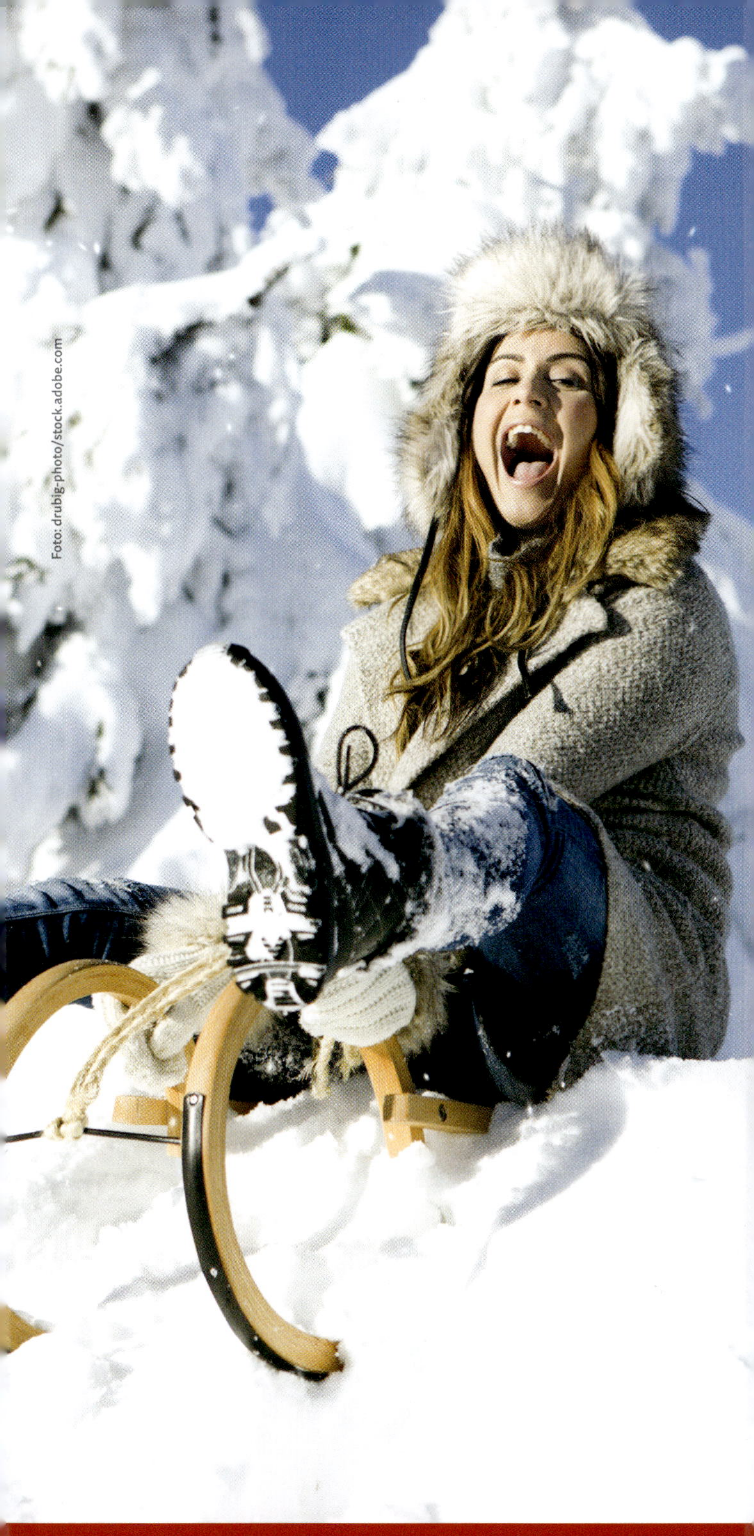
Foto: drubig-photo/stock.adobe.com